Guía de las obras
del Bodhisatva

Otros libros en español de
Gueshe Kelsang Gyatso

Caminos y planos tántricos
Cómo solucionar nuestros problemas humanos
Compasión universal
Comprensión de la mente
Corazón de la sabiduría
El camino gozoso de buena fortuna
El voto del Bodhisatva
Esencia del vajrayana
Gema del corazón
Guía del Paraíso de las Dakinis
Introducción al budismo
Manual de meditación
Ocho pasos hacia la felicidad
Tesoro de contemplación
Transforma tu vida
Una vida llena de significado, una muerte gozosa

Editorial Tharpa es una de las editoriales más importantes sobre budismo que existen en España y su colección de libros constituye la presentación más completa del camino budista hacia la iluminación disponible en una lengua occidental. En ella se pueden encontrar desde introducciones básicas al budismo y a la meditación hasta lúcidas y detalladas exposiciones sobre la filosofía budista y las prácticas tántricas. La dirección del sitio web de Editorial Tharpa en Europa es: http://www.tharpa-es.com, y en los Estados Unidos: http://www.tharpa.com/spbooks.htm.

SHANTIDEVA

Guía de las obras del Bodhisatva

CÓMO DISFRUTAR DE UNA VIDA ALTRUISTA Y LLENA DE SIGNIFICADO

Existen varias traducciones del sánscrito al tibetano realizadas por diversos traductores, entre los que cabe mencionar Dharmashribhadra, Rinchen Zsangpo, Shakyamati, Sumatikirti y Loden Sherab.

La traducción del tibetano al inglés ha sido realizada por Neil Elliot bajo la compasiva guía del venerable Gueshe Kelsang Gyatso, y la del inglés al español por Mariana Líbano Torróntegui también bajo su guía.

EDITORIAL THARPA
Vejer de la Frontera
Cádiz (España)

Título original:
Guide to the Bodhisattva's Way of Life

Editado por primera vez en inglés en el año 2002 por:

Tharpa Publications
Conishead Priory
Ulverston
Cumbria LA12 9QQ
Inglaterra

Tharpa Publications
PO Box 430
47 Sweeney Rd.
Glen Spey, NY 12737
Estados Unidos

© 2002 Geshe Kelsang Gyatso and New Kadampa Tradition

Edita:
Editorial Tharpa
C/ Molinero n°10, bajo
11150 Vejer de la Frontera
Cádiz (España)
Tel.: 34 + 95 6451528
E-mail: annatkins@terra.es
Web: http://www.tharpa-es.com

© 2004 Gueshe Kelsang Gyatso y New Kadampa Tradition

Traducción: Mariana Líbano Torróntegui
© Traducción 2004 Gueshe Kelsang Gyatso
y New Kadampa Tradition

Diseño de la cubierta por Tharpa Publications,
adaptado a la edición española por Javier Calduch.
Ilustraciones: Chew Choon.
Pintura de la cubierta: Belinda Ho.
Foto del autor: Kathia Rabelo.
Composición gráfica del texto: Javier Calduch.

ISBN 84-933148-2-X - Rústica

Depósito legal: B-34085-2004

Impreso en España/Printed in Spain
Industrias Gráficas Peralta, Barcelona (España)
Impreso en papel permanente sin elementos ácidos

Índice general

Budismo kadampa

El budismo *kadampa* es la unión de todas las enseñanzas de Buda integradas en el *Lamrim*, texto de instrucciones y prácticas especiales compuesto por el gran maestro budista Atisha en el que se presentan las etapas completas del camino hacia la iluminación.

La práctica de esta clase de budismo, caracterizada por su sencillez, profundidad y gran pureza espiritual, constituye un método muy eficaz para solucionar los problemas humanos y es aplicable a todos los aspectos de la vida en la sociedad actual.

- NTK -

Nota de la traductora

Deseo señalar que a lo largo del texto los nombres propios en tibetano se han escrito según un sistema fonético básico. Debido a que en la lengua tibetana hay muchos sonidos que no existen en español, la introducción de estos fonemas es ineludible. Por ejemplo, en tibetano hay una consonante que se pronuncia *ya* y otra *yha*, como la *j* inglesa. Así, en Manyhushri, Yhe Tsongkhapa, etcétera, la *yha* ha de pronunciarse como la *j* inglesa.

Para representar los términos sánscritos se ha seguido un sistema simple de transliteración, porque evoca la pureza de la lengua original de la que proceden. Así, se ha escrito *Dharma* y no Darma, *Sangha* y no Sanga, etcétera. No obstante, se ha optado por castellanizar algunos términos y sus derivados, como Buda, budismo, Budeidad, etcétera, por estar más asimilados a nuestra lengua. *Tantra* y *Sutra* con mayúscula se refieren a los textos de Buda Shakyamuni en los que se muestran estos senderos, y con minúscula, a los caminos espirituales propiamente dichos.

Las palabras extranjeras se han escrito en cursiva solo la primera vez que aparecen en el texto.

En cuanto a la acentuación, a pesar de que en enero de

1959 entraron en vigor las llamadas *Nuevas normas de prosodia y ortografía*, de la Real Academia Española, muchos hispanohablantes todavía no las conocen. En ellas se establece que la palabra *solo* en función adverbial podrá llevar acento ortográfico si con ello se evita una anfibología. Puesto que es muy difícil que se presenten casos de anfibología o confusión, utilizamos la forma sin tilde, como aconseja José Martínez de Sousa, ilustre autoridad en tipografía y lengua española. Lo mismo ocurre con los pronombres demostrativos *este*, *ese* y *aquel*, que no es necesario tildar para distinguir de sus adjetivos homógrafos, ya que en la práctica el riesgo de anfibología se presenta en muy raras ocasiones. Los monosílabos *fue*, *fui*, *dio* y *vio* tampoco se acentúan.

De nuevo, con este precioso texto, deseo expresar mi más sincera gratitud a Javier Calduch por su ayuda indispensable. Con paciencia ha revisado la redacción y, sin lugar a dudas, la ha enriquecido con numerosas y apropiadas sugerencias. También ha trabajado con gran precisión y esfuerzo en la confección del índice alfabético, en la composición gráfica del texto y en diferentes aspectos de la producción del libro. Gracias a su dedicación, la colección en español de los libros de Gueshe Kelsang saldrá a la luz sin demoras.

Gracias también a Ana Mª García Atkins, directora de la Editorial Tharpa, que trabaja con profesionalidad y dedicación para difundir estos preciosos libros en España.

Introducción

Esta obra maestra, titulada *Guía de las obras del Bodhisatva*, fue compuesta por el *Bodhisatva* Shantideva, gran maestro budista indio que vivió en el siglo VIII. Esta sagrada escritura es una guía práctica que nos muestra cómo entrar en el camino budista que conduce a la iluminación, cómo recorrerlo y completarlo. Es una síntesis de todas las enseñanzas de Buda y nos muestra con claridad la manera de integrarlas en la vida diaria.

Esta *Guía* de Shantideva ha servido de inspiración para componer otros textos espirituales posteriores, como *Ocho estrofas del adiestramiento de la mente*, del gran maestro kadampa Langri Tangpa, y *Adiestramiento de la mente en siete puntos*, del Bodhisatva Chekhaua. Ambos textos nos enseñan cómo estimar a los demás, igualarnos con ellos y cambiarnos por ellos, la práctica de tomar y dar, y cómo transformar las condiciones adversas en métodos para alcanzar la liberación. Todas estas enseñanzas proceden de la *Guía de las obras del Bodhisatva*, de Shantideva. Yhe Tsongkhapa y sus discípulos elogiaron extensamente esta obra y numerosos practicantes kadampas guardan estas instrucciones de Shantideva en su corazón.

Si estudiamos muchos libros budistas, nos convertiremos en un erudito, pero mientras no pongamos en práctica las enseñanzas de Buda –el Dharma–, nuestro conocimiento del budismo consistirá solo en meras palabras vacías y no nos servirá para solucionar nuestros problemas ni los de los demás. Esperar que una comprensión intelectual del Dharma nos ayude a solucionar nuestros problemas es como pretender que una persona enferma se cure leyendo instrucciones médicas, pero sin tomar su medicina. Shantideva dice en su capítulo quinto, titulado «Vigilancia mental»:

[109] Debemos poner en práctica las enseñanzas de
      Buda, el Dharma,
    porque nada puede lograrse con solo leer palabras.
    Un hombre enfermo nunca podrá curarse
    si se limita a leer instrucciones médicas.

Todos los seres sintientes, sin excepción, tienen el sincero deseo de evitar el sufrimiento. Por lo general, intentamos hacerlo utilizando métodos externos, pero por mucho éxito que tengamos desde el punto de vista mundano, es decir, por muchas riquezas que acumulemos y por muy poderosos o respetables que seamos, nunca conseguiremos liberarnos de los problemas de manera permanente. El sufrimiento, las desgracias, la infelicidad y las dificultades no existen fuera de nuestra mente. Son sensaciones desagradables, y las sensaciones son clases de mente. Solo transformando la mente podremos eliminar el sufrimiento para siempre. El método para hacerlo se expone con claridad en esta *Guía* de Shantideva.

En realidad, todos nuestros problemas diarios proceden de las mentes de aferramiento propio y estimación propia, dos concepciones erróneas que exageran la importancia de uno mismo. Sin embargo, debido a que no comprendemos esto, culpamos a los demás de nuestros problemas y de este modo los empeoramos. A partir de estas dos concepciones erróneas surgen las demás perturbaciones mentales, como el odio y el apego, que nos causan dificultades sin cesar. Si practicamos con sinceridad las instrucciones que se presentan en el presente libro, podremos solucionar todos estos problemas. Al menos, hemos de memorizar los versos de cada capítulo que nos resulten más útiles y contemplar su significado una y otra vez hasta que nuestra mente se vuelva pacífica y virtuosa. Entonces, debemos mantener este estado mental apacible día y noche sin interrupción. De este modo, disfrutaremos de una vida feliz y llena de significado.

Debemos leer este libro con alegría y evitando las distracciones y los pensamientos negativos. También es importante mejorar nuestra comprensión de la *Guía de las obras del Bodhisatva* estudiando comentarios como *Tesoro de contemplación*. El estudio sincero de estas instrucciones nos ayudará a transformar nuestras intenciones ordinarias egoístas en el buen corazón supremo, nuestras creencias erróneas en profunda sabiduría y nuestro modo de vida ordinario en el de un Bodhisatva. De esta manera, lograremos la paz interior suprema de la iluminación, el verdadero significado de nuestra existencia humana.

Gueshe Kelsang Gyatso
Estados Unidos de América
Abril del 2002

Título original en sánscrito:
Bodhisatvacharyavatara

En tibetano:
Yang chub sems dpai spyod pa la yhugpa

En inglés:
Guide to the Bodhisattva's Way of Life

En español:
Guía de las obras del Bodhisatva

Beneficios de la bodhichita

Mientras que las demás virtudes son como el
   platanero,
que se agota en cuanto ha dado fruto,
el árbol celestial y duradero de la bodhichita
no se agota, sino que al producir frutos sigue
   creciendo.

CAPÍTULO 1

Beneficios de la bodhichita

Homenaje a los iluminados Budas y a los Bodhisatvas.

[1] Ante los iluminados Budas, dotados del Cuerpo
     de la Verdad, me postro,
  y también ante los Bodhisatvas y demás objetos
     de postración.
  Voy a exponer con brevedad y de acuerdo con las
     escrituras
  cómo realizar las prácticas concisas del Bodhisatva.

[2] No hay nada aquí que no haya sido escrito antes
  y carezco de especial habilidad para la
     composición.
  Mi razón para escribir esto es beneficiar a los
     demás
  y familiarizarme con ello.

[3] Como resultado, puede que mi fe y realizaciones
   virtuosas
aumenten durante cierto tiempo,
y ojalá que aquellos tan afortunados como yo
encuentren aquí un tesoro de contemplación.

[4] Esta preciosa vida humana, tan difícil de encontrar,
ofrece a los seres sintientes la meta última.
Si no nos esforzamos por alcanzar esta meta ahora,
¿cuándo se nos volverá a presentar una
   oportunidad como esta?

[5] Al igual que en una noche nublada y oscura
el resplandor de un relámpago durante un instante
   lo ilumina todo,
los seres mundanos, gracias a las bendiciones de
   Buda,
generan de vez en cuando y de forma breve alguna
   intención virtuosa.

[6] Por lo tanto, mientras que la mayoría de nuestras
   virtudes son débiles,
nuestros defectos son extremadamente poderosos y
   temibles.
Además de la *bodhichita*, la mente compasiva que
   desea la iluminación,
¿qué otra virtud puede vencer las peores maldades?

[7] Los Seres Aptos, los Budas, que han reflexionado
   durante muchos eones,
están de acuerdo en que la bodhichita es la [virtud]
   más beneficiosa
porque, gracias a ella, los innumerables seres
   sintientes
pueden alcanzar con facilidad el gozo supremo de
   la iluminación.

[8] Aquellos que desean eliminar su propio sufrimiento,
aquellos que desean disipar el sufrimiento de los demás
y aquellos que desean disfrutar de inmensa felicidad,
no deben abandonar nunca la práctica de la bodhichita.

[9] En cuanto generan la bodhichita,
incluso los pobres seres atrapados en la prisión del *samsara*
se convierten en Bodhisatvas, en Hijos o Hijas de los Budas,
y son objeto de veneración por parte de los seres humanos y dioses mundanos.

[10] Al igual que el elixir supremo transmuta [metales] en oro,
la bodhichita puede transformar nuestro cuerpo impuro
en la joya incomparable del cuerpo de un Buda.
Por lo tanto, mantén la bodhichita con firmeza.

[11] Puesto que la sabiduría infinita de Buda, el Único Barquero de los seres sintientes,
ha reconocido su validez después de reflexionar con detenimiento,
aquellos que desean liberarse del sufrimiento del samsara
deben mantener con firmeza esta preciosa mente de bodhichita.

[12] Mientras que las demás virtudes son como el
platanero,
que se agota en cuanto ha dado fruto,
el árbol celestial y duradero de la bodhichita
no se agota, sino que al producir frutos sigue
creciendo.

[13] Al igual que los que tienen miedo se apoyan en
alguien más valiente,
aquellos que confíen en la bodhichita, aunque
hayan cometido maldades intolerables,
dejarán de inmediato de correr peligro.
Por lo tanto, ¿a qué espera el prudente para confiar
en ella?

[14] Del mismo modo que el fuego al final de un eón
consume todos los males en un instante,
el sabio protector Maitreya explicó sus
innumerables beneficios
al Bodhisatva Sudhana.

[15] En resumen, debéis saber
que hay dos clases de bodhichita:
la mente que observa la iluminación y aspira,
y la que observa la iluminación y se compromete.

[16] Al igual que entendemos la diferencia
entre el deseo de ir y hacerlo realmente,
el sabio también debe comprender
la diferencia entre estas dos bodhichitas.

[17] De la mente que aspira a la iluminación
se obtienen grandes beneficios aunque estemos
en el samsara,
pero no brota de ella el mismo torrente incesante
de buena fortuna
que de la mente que se compromete.

[18] Quien adopte la mente de bodhichita
comprometida
con la intención de nunca abandonar
la decisión de liberar por completo
a los innumerables seres sintientes de todos los
reinos,

[19] acumulará a partir de ese momento,
incluso mientras duerma o parezca distraído,
abundantes y poderosos méritos, infinitos como el
espacio,
que fluirán sin interrupción.

[20] Por el bien de aquellos con capacidad inferior,
estos beneficios los expuso con razonamientos
lógicos
el *Tathagata* mismo
en el *Sutra rogado por Subahu*.

[21] Si incluso el mero deseo de aliviar
el dolor de cabeza de los demás
es una intención beneficiosa
que produce infinitos méritos,

[22] ¿qué puede decirse del deseo
de eliminar la infinita miseria
de todos y cada uno de los seres sintientes
y conducirlos [al logro] de incontables buenas
cualidades?

[23] ¿Tiene nuestro padre o nuestra madre
una intención tan beneficiosa como esta?
¿La tienen los dioses o los sabios?,
¿la tiene acaso Brahma?

[24] Si antes de generar la bodhichita, estos seres
sintientes
ni siquiera sueñan con ella
por su propio beneficio,
¿cómo van a generarla por el beneficio de los
demás?

[25] Esta mente que desea beneficiar a los demás,
y que otros no generan ni siquiera por su propio
bien,
es una joya de mente extraordinaria
cuyo nacimiento es una maravilla sin precedentes.

[26] ¿Cómo es posible calcular
los beneficios de esta joya de mente,
fuente de gozo para todos los seres sintientes
y alivio de todos sus sufrimientos?

[27] Si con la mera intención de beneficiar a los demás
se acumulan más méritos que al hacer ofrendas a
los Budas,
¿qué puede decirse del esfuerzo
por hacer felices a todos y cada uno de los seres
sintientes?

[28] Aunque los seres sintientes desean liberarse del
sufrimiento,
no dejan de crear sus causas,
y aunque desean la felicidad,
debido a su ignorancia la destruyen como si fuera
su enemigo.

[29] A aquellos desprovistos de felicidad
y afligidos por innumerables penas,
la bodhichita les proporciona un gozo inagotable,
elimina su sufrimiento

[30] e incluso disipa su confusión.
¿Qué virtud puede compararse con esta?,
¿dónde se puede encontrar un amigo igual?,
¿cómo se pueden acumular más méritos?

[31] Si alguien que corresponde a la bondad de los
demás
es digno de alabanzas,
¿qué puede decirse del Bodhisatva que ayuda a los
demás
sin tener en cuenta si le han beneficiado o no?

[32] Si alguien con frecuencia, o incluso en una sola
ocasión,
ofrece alimentos con desprecio
a unos pocos seres para satisfacerlos durante medio
día,
los demás lo consideran virtuoso y lo respetan.

[33] Por lo tanto, ¿qué puede decirse de aquel que
concede eternamente
a los innumerables seres sintientes
el gozo imperecedero e insuperable de los *Sugatas*,
con el que se colman todos sus deseos?

[34] Buda dijo que quien tenga un mal pensamiento
contra un Bodhisatva, el benefactor supremo,
permanecerá en los infiernos durante tantos eones
como momentos haya durado ese mal pensamiento.

[35] Pero quien genere una mente pura de fe,
recibirá incluso mejores resultados de su buena
fortuna.
Cuando los Bodhisatvas se enfrentan con grandes
dificultades,
no generan mentes negativas, sino que sus virtudes
aumentan de forma natural.

[36] Me postro ante aquellos que han generado
la sagrada y preciosa mente de bodhichita,
y me refugio en esas fuentes de felicidad
que conceden gozo incluso a aquellos que los
perjudican.

Aquí concluye el capítulo primero de la *Guía de las obras del Bodhisatva*, titulado «Beneficios de la bodhichita».

Confesión

A los Seres Aptos, objetos supremos de
   ofrecimiento,
les obsequio con flores hermosas y aromáticas,
mandaras, upalas, lotos y muchas más,
y exquisitas guirnaldas, adornadas con elegancia.

CAPÍTULO 2

Confesión

[1] Para mantener esta preciosa mente de bodhichita,
presento excelentes ofrendas al océano de
   cualidades supremas
–los Budas, la joya inmaculada del sagrado
   Dharma
y la asamblea de Bodhisatvas–.

[2] Todas las flores y frutos que existen
y todas las diferentes clases de medicinas;
todas las joyas que hay en el mundo
y todas las aguas puras y refrescantes;

[3] montañas de joyas, arboledas
y lugares tranquilos y alegres;
árboles celestiales adornados con flores
y otros con ramas repletas de frutos deliciosos;

[4] perfumes procedentes de las moradas de los dioses
    y otros reinos,
    incienso, árboles que colman todos los deseos y
    árboles de joyas;
    cosechas que no necesitan cultivo
    y todos los ornamentos propios de ser ofrecidos;

[5] lagos y estanques adornados con lotos,
    el melodioso sonido de los gansos salvajes;
    y todo aquello que no tiene dueño
    en todos los mundos, infinitos como el espacio;

[6] visualizo todo esto y lo ofrezco con el debido
    respeto
    a los seres supremos, los Budas y Bodhisatvas.
    ¡Oh, Seres Compasivos!, sagrados objetos de
    ofrecimiento,
    pensad en mí con bondad y aceptad estas
    ofrendas.

[7] A falta de mérito, estoy desvalido
    y no tengo nada más que ofrecer;
    por lo tanto, ¡oh, Protectores!, que os preocupáis
    por los demás,
    por favor, aceptadlo por mi bien.

[8] Por siempre ofreceré mis cuerpos
    a los Budas y Bodhisatvas.
    Con devoción me ofrezco como vuestro siervo;
    ¡oh, Héroes Supremos!, por favor, aceptadme.

[9] Estando por completo bajo vuestra protección,
    voy a beneficiar a los seres sintientes sin temer al
    samsara.
    Voy a purificar las faltas del pasado
    y en el futuro no las volveré a repetir.

[10] En esta sala de abluciones dulcemente perfumada,
con un brillante y reluciente suelo de cristal,
majestuosas columnas resplandecen con joyas
y doseles decorados con perlas radiantes cuelgan
  del techo.

[11] Con jarras adornadas con joyas y rebosantes
de agua perfumada que embelesa la mente,
y con cantos y música de acompañamiento,
ofrezco esta ablución a los Budas y Bodhisatvas.

[12] Seco sus cuerpos con los mejores paños
inmaculadamente limpios y perfumados;
luego, ofrezco a los seres sagrados
vestimentas fragantes de magníficos colores.

[13] Con exquisitos y variados atuendos, finos y suaves,
y una diversidad de los mejores adornos,
visto a *Arya* Samantabhadra,
Manyhushri, Avalokiteshvara y los demás.

[14] Como si lustrara oro puro refinado,
unjo los cuerpos radiantes de los Seres Aptos
con fragancias sublimes cuyo aroma
impregna por completo los tres mil mundos.

[15] A los Seres Aptos, objetos supremos de
  ofrecimiento,
les obsequio con flores hermosas y aromáticas,
mandaras, *upalas*, lotos y muchas más,
y exquisitas guirnaldas, adornadas con elegancia.

[16] Les ofrezco nubes extensas y fragantes
del mejor incienso que embelesa la mente,
manjares de los dioses
y una variedad de alimentos y bebidas.

[17] Les ofrezco también lámparas adornadas con joyas
dispuestas en doradas flores de loto,
sobre un suelo reluciente rociado con perfume
y con hermosos pétalos de flores esparcidos.

[18] Ofrezco a aquellos cuya naturaleza es la compasión
un palacio celestial que resuena con alabanzas
divinas,
[adornado] con colgantes de perlas preciosas y
otros ornamentos
cuyo infinito esplendor ilumina el espacio.

[19] Por siempre voy a ofrecer a los Seres Aptos
elegantes sombrillas mantenidas en alto y
adornadas con joyas,
de agradables formas y mangos de oro,
y bordes embellecidos con hermosos ornamentos.

[20] Además, que cúmulos de ofrendas
resonando con música y melodías armoniosas
permanezcan como nubes que alivian
el sufrimiento de los seres sintientes.

[21] Y que sobre todas las Gemas del Dharma,
las *estupas* e imágenes [sagradas],
caiga sin interrupción una lluvia
de flores, joyas y demás ofrendas.

[22] Al igual que Manyhushri, Samantabhadra y los
demás Bodhisatvas
hicieron ofrendas a los Vencedores,
yo también hago ofrecimientos a los Sugatas,
Protectores y Bodhisatvas.

[23] A este océano de cualidades excelsas
ofrezco innumerables alabanzas melodiosas.
Que un coro de agradables poemas de dulce sonido
se eleve siempre en su presencia.

[24] Ante todos los Budas que residen en los tres
tiempos,
el Dharma y la Asamblea Suprema,
me postro con tantos cuerpos emanados
como átomos hay en todos los mundos.

[25] Me postro ante las bases para generar la
bodhichita,
antes las imágenes del cuerpo, la palabra y la
mente de Buda,
ante los abades y preceptores,
y ante los practicantes supremos del camino.

[26] Hasta que alcance la esencia de la gran
iluminación,
me refugio en los Budas,
y también en el Dharma
y en la asamblea de Bodhisatvas.

[27] Con las palmas de las manos juntas, hago súplicas
a aquellos dotados de gran compasión,
los Budas perfectos y los Bodhisatvas
que residen en las diez direcciones.

[28] Desde tiempo sin principio en el samsara,
a lo largo de esta y de todas mis vidas pasadas,
debido a mi ignorancia he cometido malas acciones,
he ordenado cometerlas

[29] y, abrumado por mi engañosa ignorancia,
me he alegrado de que se hubieran cometido.
Ahora que reconozco que han sido graves errores,
las confieso desde lo más profundo de mi corazón
    a los seres sagrados.

[30] Todas las acciones físicas, verbales y mentales
    perjudiciales
que bajo la influencia de los engaños he cometido
contra las Tres Joyas Preciosas,
mi padre, mi madre, mi Guía Espiritual o cualquier
    otra persona,

[31] todas las maldades intolerables,
perpetradas por mí, una persona malvada
contaminada por innumerables faltas,
las confieso ante los liberadores, los seres
    iluminados.

[32] Sin embargo, puede que me muera
antes de purificar todas mis faltas.
¡Oh, protegedme, por favor,
para que me libere de ellas rápida y
    definitivamente!

[33] Puesto que el imprevisible Señor de la Muerte
no esperará a que purifique mis faltas
ni tendrá en cuenta si estoy enfermo o no,
no me puedo fiar de esta vida pasajera.

[34] Tendré que dejarlo todo atrás y partir solo,
pero al no comprender esto
he cometido todo tipo de malas acciones
contra mis amigos y otras personas.

[35] Sin embargo, mis amigos desaparecerán
y los demás también lo harán.
Incluso yo mismo desapareceré,
así como todo lo demás.

[36] Al igual que lo que experimento en un sueño,
todo aquello de lo que disfruto ahora
se convertirá en un vago recuerdo,
puesto que lo que ya ha sucedido nunca volverá.

[37] Incluso en esta vida tan corta
muchos de mis amigos y otras personas han
    fallecido ya,
pero los terribles resultados de las maldades que
    he cometido por ellos
todavía los tendré que padecer.

[38] Por ello, al no comprender que
puedo morir en cualquier momento,
he cometido innumerables maldades
motivado por la ignorancia, el apego y el odio.

[39] Sin detenerse, día y noche,
esta vida se me escapa
y su duración nunca aumenta;
¿por qué, entonces, no me va a llegar a mí la
    muerte?

[40] Cuando me esté muriendo,
aunque esté rodeado de familiares y amigos,
tendré que experimentar solo
la sensación de perder la vida.

[41] ¿De qué me servirán mis compañeros
cuando sea apresado por los mensajeros del Señor
de la Muerte?
En ese momento solo mis méritos podrán
protegerme,
pero hasta ahora no he pensado en ello.

[42] ¡Oh, Protectores!, ignorando estos peligros,
yo, que carezco de recta conducta,
he cometido innumerables acciones perjudiciales
por causa de esta vida pasajera.

[43] Aterrorizado está quien sabe que lo van a llevar a
un lugar
donde le arrancarán las extremidades de su cuerpo.
Con la boca seca y los ojos hundidos,
su rostro se desfigurará por completo.

[44] ¿Qué necesidad hay de mencionar la terrible
desesperación
que experimentaré cuando, paralizado de pánico,
sea presa de las apariciones
de los horribles mensajeros del Señor de la Muerte?

[45] «¿Quién puede realmente protegerme
de este gran terror?»
Petrificado, con los ojos fuera de las órbitas,
buscaré refugio por todos lados.

[46] Entonces, sin encontrar refugio alguno,
me sentiré completamente abatido.
Si no puedo encontrar refugio allí,
¿qué podré hacer en ese momento?

[47] Por lo tanto, a partir de hoy me refugio
en los Budas Vencedores, que protegen a los seres
   sintientes,
desean ofrecerles refugio a todos ellos
y con su enorme fortaleza acaban con todos los
   temores.

[48] Del mismo modo, me refugio con sinceridad
en el Dharma que han realizado,
que disipa los temores del samsara,
y en la asamblea de Bodhisatvas.

[49] Dominado por el miedo me ofrezco
a Arya Samantabhadra
y pongo mi cuerpo al servicio
de Arya Manyhushri.

[50] Al Protector Avalokiteshvara,
que actúa con certeza movido por la compasión,
le dirijo esta desesperada llamada de socorro:
«¡Oh, por favor, protégeme, que soy un malvado!».

[51] Buscando refugio, de corazón
hago súplicas a Arya Akashagarbha,
a Arya Ksitigarbha,
y a todos los compasivos Protectores.

[52] Me refugio en Arya Vajrapani,
que con solo verlo, los seres malignos,
como los mensajeros del Señor de la Muerte,
huyen aterrorizados en las cuatro direcciones.

[53] En el pasado no seguí vuestros consejos,
pero ahora que conozco estos grandes peligros
me refugio en vosotros
para que desaparezcan mis temores con rapidez.

[54] Si es necesario que siga los consejos del médico
cuando estoy atemorizado por una enfermedad
física,
¿cuánto más importante será seguir los consejos
de Buda
cuando estoy siempre afligido por las numerosas
enfermedades dañinas de los engaños?

[55] Si cualquier persona de las que viven en este
mundo
puede ser gravemente perjudicada por uno solo
de estos engaños,
y no hay otra medicina además del Dharma
que pueda encontrarse en ningún lugar para
curarlos,

[56] aquellos que no actúan según las enseñanzas
espirituales
impartidas por Buda, el médico omnisciente,
gracias a quien podemos aliviar los dolores de los
engaños,
son sin duda unos necios e ignorantes.

[57] Si es necesario tener precaución
al caminar al borde de un precipicio,
¿cuánto más lo será al acercarnos al profundo
abismo de los infiernos
en el que podríamos caer durante mucho tiempo?

[58] Es una insensatez dejarse llevar por los placeres
pensando: «Hoy no me voy a morir»,
puesto que sin lugar a dudas llegará el momento
en que seremos reducidos a nada.

[59] ¿Quién me dará coraje?,
    ¿cómo puedo liberarme de estos temores?
    Si es inevitable que desaparezca,
    ¿cómo puedo seguir divirtiéndome?

[60] ¿Qué me queda ahora de las agradables
        experiencias
    de mis vidas anteriores que ya se han terminado?
    Sin embargo, debido a mi intenso apego a los
        placeres mundanos,
    no he seguido los consejos de mi Guía Espiritual.

[61] Si cuando abandone esta vida
    y me separe de mis familiares y amigos
    deberé marcharme solo,
    ¿por qué cometo malas acciones por mis amigos y
        enemigos?

[62] «¿Cómo puedo abandonar para siempre
    las malas acciones, la causa de todo el
        sufrimiento?»
    Durante el día y la noche
    debo pensar sólo en esto.

[63] Todo lo que haya cometido
    por ignorancia y confusión,
    ya sea una acción perjudicial por naturaleza
    o una transgresión,

[64] con las palmas de las manos juntas
    y mi mente con miedo a sufrir,
    me postro una y otra vez,
    y lo confieso ante los Protectores.

[65] Suplico a los seres sagrados
que me liberen de mis faltas y maldades,
y puesto que solo producen malos resultados,
en el futuro no las volveré a repetir.

Aquí concluye el capítulo segundo de la *Guía de las obras del Bodhisatva*, titulado «Confesión».

Aceptación de la bodhichita

Al igual que es muy difícil, sin lugar a dudas,
que un ciego encuentre una joya en un basurero,
por alguna razón también muy extraña
he generado la mente de bodhichita.

CAPÍTULO 3

Aceptación de la bodhichita

[1] Con gran alegría me regocijo
de las virtudes que protegen a los seres sintientes
de los sufrimientos de los reinos inferiores
y conducen a los afligidos a los reinos afortunados.

[2] Me regocijo de la acumulación de virtud
que libera a los seres sintientes de renacer en el
samsara
y los conduce al estado del *nirvana,*
la paz interior suprema y permanente.

[3] Me regocijo de la iluminación de los Budas
Vencedores
y de los caminos espirituales de los Bodhisatvas.

[4] Con alegría me regocijo del océano de virtudes
que surge al generar la mente de la iluminación,
la bodhichita,
que llena de felicidad a todos los seres sintientes,
y en las acciones que los benefician.

[5] A los Budas que residen en todas las direcciones,
con las palmas de las manos juntas elevo esta
súplica:
continuad, por favor, iluminando con la lámpara
del Dharma
a los seres sintientes que sufren perdidos en las
tinieblas de la ignorancia.

[6] A los Vencedores que desean entrar en el
paranirvana,
con las palmas de las manos juntas elevo esta
súplica:
por favor, no abandonéis a los seres sintientes en
su ceguera
y permaneced junto a nosotros durante incontables
eones.

[7] Así pues, que gracias a los méritos que he
acumulado
con todas estas acciones virtuosas,
cese por completo
el sufrimiento de todos los seres sintientes.

[8] Y hasta que todos los que están enfermos
se curen de sus enfermedades,
me convierta en su medicina,
en su médico y en su enfermera.

[9] Que descienda una lluvia de comida y bebida
para aplacar las miserias del hambre y la sed,
y que durante el gran eón del hambre
me convierta en sus alimentos.

[10] Que me convierta en un tesoro inagotable
para los pobres y destituidos.
Que me transforme en todo lo que necesiten
y esté siempre a su disposición.

[11] A partir de este momento, sin sentimiento de
pérdida,
ofrezco mi cuerpo, mi riqueza
y mis virtudes acumuladas en los tres tiempos,
para ayudar a todos los seres sintientes, mis
madres.

[12] Dándolo todo alcanzaré el nirvana de un Buda
y colmaré los deseos de mi bodhichita.
Lo ofrezco todo por el beneficio de los seres
sintientes,
los objetos supremos de generosidad.

[13] Puesto que he ofrecido mi cuerpo
para que los seres sintientes sean felices,
siempre será suyo y podrán golpearlo, insultarlo
o incluso despedazarlo si así lo desean.

[14] Aunque jueguen con él,
lo pongan en ridículo o lo humillen,
puesto que lo he ofrecido a los demás,
¿qué sentido tiene que me siga aferrando a él?

[15] Por lo tanto, con ninguna de mis acciones
voy a perjudicar a los demás,
y que cuando me encuentre con alguien,
siempre pueda beneficiarlo.

[16] Sin importar que los que se encuentren conmigo
tengan fe en mí o me odien,
que siempre sea la causa
de que se colmen todos sus deseos.

[17] Que todos los que me perjudican
verbalmente o por otros medios,
así como los que me insultan,
creen de este modo la causa para alcanzar la
iluminación.

[18] Que me convierta en el protector de los
desamparados,
en un guía para los que viajan,
y para aquellos que quieren cruzar las aguas,
en un bote, un barco o un puente.

[19] Que me convierta en una isla para los que buscan
tierra firme,
en una lámpara para los que necesitan luz,
en un lugar de descanso para los que lo deseen
y en un sirviente para los que requieran servicio.

[20] Para beneficiar a todos los seres sintientes,
que me convierta en un tesoro de riquezas,
mantras poderosos, medicinas curativas
y un árbol y una vaca que colman todos los deseos.

[21] Al igual que los grandes elementos,
como [el elemento] tierra y el espacio eterno,
que sirva de base de donde surge todo
para sustentar la vida de los innumerables seres
sintientes.

[22] Y hasta que pasen más allá del dolor,
que sustente toda forma de vida
en todos los reinos de existencia
que se extienden hasta los confines del espacio.

[23] Al igual que los Sugatas del pasado, los Budas,
generaron la mente de la iluminación
y realizaron todas las etapas
del adiestramiento del Bodhisatva,

[24] del mismo modo, por el beneficio de todos los
seres,
voy a generar la mente de la iluminación
y a realizar todas las etapas
del adiestramiento del Bodhisatva.

[25] El sabio que acepta con sinceridad
la mente de la iluminación de este modo,
para mantenerla y aumentarla
debe animarse como sigue.

[26] Mi vida, ahora, ha dado un gran fruto,
mi existencia humana tiene un gran significado,
hoy he nacido en el linaje de Buda
y me he convertido en un Bodhisatva.

[27] De ahora en adelante voy a realizar
todas mis acciones conforme a este noble linaje,
y jamás voy a deshonrar
este linaje de inmaculada pureza.

[28] Al igual que es muy difícil, sin lugar a dudas,
que un ciego encuentre una joya en un basurero,
por alguna razón también muy extraña
he generado la mente de bodhichita.

[29] Es el néctar supremo que acaba
con el dominio de la muerte sobre los seres
    sintientes
y un tesoro inagotable
que elimina la pobreza.

[30] Es la medicina suprema que alivia
las enfermedades de los seres sintientes,
y un árbol que da refugio con su sombra
a los cansados viajeros que recorren los caminos
    del samsara.

[31] Es el puente universal por el que todos los seres
    sintientes
pueden escapar de los reinos inferiores,
y una mente cual luna creciente
que alivia el tormento de sus engaños.

[32] Es el vasto sol que disipa por completo
la oscuridad de la ignorancia de los seres
    sintientes,
y la esencia más pura de la mantequilla que se
    obtiene
al batir la leche del Dharma.

[33] A mis respetables invitados, los seres que recorren
    los caminos del samsara
y desean disfrutar de los deleites del gozo,
la bodhichita los satisfará
conduciéndolos al estado supremo del gozo.

[34] Hoy, en presencia de los Protectores,
llamo a todos los seres sintientes y los invito
a disfrutar de estos deleites temporales y últimos.
Que los dioses, semidioses y demás seres sean
    felices.

Aquí concluye el capítulo tercero de la *Guía de las obras del Bodhisatva*, titulado «Aceptación de la bodhichita».

Adiestramiento en la recta conducta

Por estas razones, Buda, el Ser Bienaventurado,
dijo que es tan difícil obtener una existencia
  humana
como que una tortuga introduzca su cabeza
en una argolla flotando a la deriva en un gran
  océano.

Capítulo 4

Adiestramiento en la recta conducta

[1] El practicante que ha generado con firmeza
la bodhichita aspirante y la comprometida de este
   modo,
debe esforzarse en todo momento y sin titubear
para no descuidar su adiestramiento.

[2] Si vamos a realizar una acción ordinaria con prisas
o sin haberla pensado bien,
puede que sea mejor reconsiderarlo
aunque hayamos hecho una promesa.

[3] Sin embargo, ¿cómo puedo abandonar
aquello que ha sido analizado
por la sabiduría de los Budas y Bodhisatvas
y que yo mismo he analizado también repetidas
   veces?

[4] Si después de hacer la promesa de la bodhichita
no cumplo con ella,
puesto que estaré engañando a todos estos seres
   sintientes,
¿qué clase de renacimiento voy a obtener?

[5] Se dice que si alguien, debido a su avaricia,
se arrepiente de hacer un regalo, por pequeño
   que sea,
que había pensado ofrecer a los demás,
renacerá como un espíritu ávido.

[6] Por lo tanto, si engaño a todos los seres sintientes,
a quienes he invitado desde lo más profundo de
   mi corazón
a participar en el banquete de la iluminación,
¿cómo voy a obtener un renacimiento afortunado
   en el futuro?

[7] El que alguien que abandona la bodhichita
consiga luego alcanzar la liberación
es algo que está más allá de la comprensión
   ordinaria
y que solo puede entender una mente omnisciente.

[8] Para el Bodhisatva, abandonar la bodhichita
es la caída moral más grave
porque si incurre en ella,
dejará de tener sentido trabajar por los demás.

[9] Y si alguien dificultara o impidiera, incluso
   durante un momento,
que un Bodhisatva realice acciones virtuosas,
puesto que estaría afectando al bienestar de todos
   los seres sintientes,
sus renacimientos inferiores no tendrían fin.

[10] Si he de experimentar desgracias
por desposeer a un solo ser de su felicidad,
¿cuáles serán las consecuencias de acabar
con la felicidad de todos los seres, infinitos como
el espacio?

[11] Aquellos que renueven sus votos del Bodhisatva
para volverlos a romper una y otra vez
permanecerán atrapados en el samsara durante
mucho tiempo
sin poder alcanzar planos espirituales más
elevados.

[12] Por lo tanto, debo practicar con sinceridad
de acuerdo con mi promesa.
Si, a partir de ahora, no pongo esfuerzo,
renaceré en reinos cada vez peores.

[13] Aunque hayan aparecido innumerables Budas en
el pasado
que trabajaron por el beneficio de todos los seres
sintientes,
debido a mis obstáculos kármicos
no he estado nunca bajo su cuidado.

[14] Además, si no cambio,
tendré que experimentar una y otra vez
enfermedades, encarcelamiento, torturas
y mutilaciones en los reinos inferiores.

[15] Puesto que la aparición de un Tathagata, un Buda,
   y tener fe en sus enseñanzas, un precioso cuerpo
      humano
   y unas bases apropiadas para practicar el Dharma
      son tan difíciles de encontrar,
   ¿cuándo volveré a tener una oportunidad como
      esta?

[16] Hoy, por ejemplo, puede que no esté enfermo,
   esté bien alimentado y no tenga preocupaciones,
   pero esta vida es efímera y engañosa,
   y es como si me hubieran prestado este cuerpo
      durante un momento.

[17] Si cometo acciones perjudiciales,
   no volveré a obtener otro cuerpo humano,
   y si no renazco como humano,
   en lugar de cultivar la virtud, no haré más que
      acumular maldad.

[18] Si no practico la virtud ahora
   que tengo la buena fortuna de poder hacerlo,
   ¿qué virtud podré cultivar
   cuando esté sufriendo y confuso en los reino
      sinferiores?

[19] Porque si no practico la virtud
   y solo acumulo maldad,
   no podré ni siquiera oír las palabras *renacimiento
      afortunado*
   durante millones de eones.

[20] Por estas razones, Buda, el Ser Bienaventurado,
dijo que es tan difícil obtener una existencia
humana
como que una tortuga introduzca su cabeza
en una argolla flotando a la deriva en un gran
océano.

[21] Puesto que un solo momento de maldad
puede arrojarme al más profundo de los infiernos
durante un eón,
si no purifico todo el mal que he cometido desde
tiempo sin principio,
huelga decir que no voy a poder obtener un
renacimiento humano.

[22] El mero hecho de experimentar los resultados
de mis malas acciones
no me liberará de los reinos inferiores
porque al mismo tiempo que experimente esos
resultados
estaré cometiendo más acciones perjudiciales.

[23] Si después de haber encontrado los dones
y libertades de una vida humana
no me esfuerzo por practicar el Dharma,
me estaré engañando a mí mismo
y cometiendo una gran necedad.

[24] Si a pesar de comprender esto,
debido a mi ignorancia permanezco indiferente,
cuando me llegue el momento de la muerte
me hundiré en un estado de pánico inimaginable.

[25] Si mi cuerpo ardiera durante mucho tiempo
en las insoportables llamas de los infiernos,
sin lugar a dudas mi mente se consumiría
en las voraces llamas del arrepentimiento.

[26] Después de haber obtenido, casi por casualidad,
este beneficioso estado tan difícil de encontrar,
si mientras disfruto de tan buena fortuna
me encamino de nuevo hacia los infiernos,

[27] es como si estuviera aturdido por un hechizo
y mi mente hubiera sido anulada.
Ni yo mismo entiendo por qué estoy confundido.
¿Qué está ocurriendo en mi interior?

[28] Los enemigos internos del odio, el apego y demás
engaños
carecen de brazos y piernas,
y no tienen coraje ni habilidad,
¿cómo, entonces, han conseguido convertirme en
su esclavo?

[29] Mientras moran en mi mente
me perjudican a su antojo,
y yo, sin enfadarme, los tolero con paciencia.
¡Qué vergüenza! Este no es el momento de ser
pacientes.

[30] Aunque todos los seres sintientes, incluidos los
dioses y semidioses,
se sublevaran juntos contra mí como enemigos,
no podrían conducirme a las llamas del más
profundo de los infiernos
ni arrojarme en ellas.

[31] Pero el poderoso enemigo de las perturbaciones
    mentales
en un solo instante puede arrojarme a esa hoguera
donde hasta las cenizas del Monte Meru
serían consumidas sin dejar rastro alguno.

[32] Ningún otro enemigo
puede serlo durante tanto tiempo
como mis engaños, los persistentes adversarios
que carecen de principio y, aparentemente,
    también de fin.

[33] Si me pongo de acuerdo con mis enemigos
    externos y los respeto,
finalmente me beneficiarán y seré complacido,
pero si confío en mis engaños,
en el futuro solo me causarán más desgracias y
    sufrimientos.

[34] Por lo tanto, ¿cómo puedo permanecer en el
    samsara alegremente y sin temores
cuando estoy dispuesto a reservar un lugar en mi
    corazón
para este interminable y persistente enemigo
que es la única causa de que aumente mi
    sufrimiento?

[35] ¿Cómo voy a ser feliz
mientras estos guardianes de la prisión del
    samsara,
que me torturan y atormentan en los infiernos y
    otros lugares,
residen en mi mente como una férrea red?

[36] Debido al odio, las personas mundanas llenas de
    orgullo no concilian el sueño
hasta haber derrotado a aquellos que les causan el
    menor daño temporal.
Del mismo modo, no abandonaré mis esfuerzos
hasta que este enemigo interno quede total y
    definitivamente destruido.

[37] Si aquellos que luchan en violentas batallas,
debido a su intenso deseo de derrotar a los seres
    confusos, que de todas formas han de morir,
no prestan atención al dolor que les producen sus
    heridas
ni se retiran hasta conseguir su objetivo,

[38] con mayor razón, aunque tenga grandes
    dificultades,
de ahora en adelante no voy a ser perezoso ni a
    desanimarme
en mis esfuerzos por derrotar de una vez por todas
    a este enemigo natural,
fuente continua de todo mi sufrimiento.

[39] Si las cicatrices que les causaron sus enemigos por
    razones nimias
las exhiben en sus cuerpos como si fueran trofeos,
¿por qué no me preparo yo para soportar las
    dificultades
que encontraré al esforzarme con sinceridad por
    realizar el objetivo supremo?

[40] Si los pescadores, cazadores y granjeros,
que solo piensan en asegurarse su propio sustento,
soportan sufrimientos, como el frío y el calor,
¿por qué no voy a poder hacer lo mismo con el
objetivo de hacer felices a los demás?

[41] Puesto que yo mismo no estoy libre de
perturbaciones mentales
cuando prometo a todos los seres sintientes,
que residen en las diez direcciones del espacio,
que voy a liberarlos de las suyas,

[42] ¿no es absurdo hacer tales promesas
mientras ignoro mis propias limitaciones?
Por lo tanto, nunca he de abandonar mis esfuerzos
por eliminar mis propias perturbaciones mentales.

[43] Este será mi objetivo principal:
guardaré rencor a mis engaños y lucharé contra
ellos.
Aunque este rencor parezca un engaño,
no lo es porque en realidad los destruye.

[44] Sería mejor arder hasta morir
o que me cortasen la cabeza
antes que dejarme caer
bajo la influencia de los engaños.

[45] El enemigo ordinario al que se le expulsa de un
país
se marchará a otro y permanecerá allí
sólo para regresar cuando haya recuperado las
fuerzas,
pero no ocurre lo mismo con el enemigo de las
perturbaciones mentales.

[46] ¡Oh, engaños, engaños!, ¿dónde iréis
cuando el ojo de la sabiduría os destierre y expulse
de mi mente?
¿Y de dónde regresaréis para perjudicarme otra
vez?
A pesar de todo, como mi mente es débil, soy
incapaz de esforzarme.

[47] Los engaños no están en los objetos ni en los
poderes sensoriales ni entre ellos ni en ningún
otro lugar;
entonces, ¿desde dónde pueden perjudicar a todos
los seres sintientes?
Puesto que solo son como ilusiones, desterraré el
miedo de mi corazón y me esforzaré por cultivar
la sabiduría.
¿Por qué me impongo los sufrimientos de los
infiernos y demás sin razón alguna?

[48] Por lo tanto, después de analizar todo esto con
detenimiento,
voy a esforzarme con sinceridad por practicar estos
preceptos tal y como se ha descrito.
Si una persona enferma no escucha los consejos de
su médico,
¿cómo puede esperar curarse?

Aquí concluye el capítulo cuarto de la *Guía de las obras del Bodhisatva*, titulado «Recta conducta».

Vigilancia mental

Con todo mi esfuerzo debo comprobar una y otra
   vez
que el elefante salvaje de mi mente
no se escape, sino que permanezca atado
al gran poste de la contemplación del Dharma.

CAPÍTULO 5

Vigilancia mental

[1] Aquellos que desean progresar en su
    adiestramiento
    deben vigilar su mente con mucha atención
    porque si no practican la vigilancia mental,
    serán incapaces de completarlo.

[2] Un elefante salvaje enloquecido
    no puede provocar tanto daño en este mundo
    como los sufrimientos de los infiernos más
        profundos
    causados por el elefante desbocado de nuestra
        mente.

[3] Pero si sujetamos por todas partes con firmeza
    el elefante de nuestra mente con la soga de la
        retentiva,
    nuestros temores desaparecerán
    y las virtudes caerán en nuestras manos.

[4] Los tigres, los leones, los elefantes, los osos,
las serpientes, cualquier clase de enemigo,
los guardianes de los infiernos,
los espíritus malignos y los caníbales

[5] serán todos controlados
con solo controlar la mente,
y serán subyugados
con solo subyugar la mente.

[6] Buda, el Ser Apto, dijo:
«Por lo tanto, todos los temores
y los infinitos sufrimientos
surgen de la mente».

[7] ¿Quién crea a propósito las armas
que causan daño a los seres de los infiernos?
¿Quién crea el suelo de hierro candente?
¿De dónde proceden las tentadoras alucinaciones?

[8] El Ser Apto ha dicho que todo esto
lo crean las malas intenciones.
Por lo tanto, no hay nada que temer en los tres
    mundos
que no proceda de la mente.

[9] Si al completar la perfección de la generosidad
se acaba con la pobreza de los seres sintientes,
puesto que sigue habiendo hambre,
¿cómo es posible que los Budas del pasado la
    hayan completado?

[10] Se dice que la consumación de la perfección de la
      generosidad
      consiste en desear ofrecerlo todo a todos los seres
      sintientes,
      incluidos los méritos acumulados con esta acción;
      por lo tanto, [esta perfección] depende solo de la
      mente.

[11] En ningún lugar se ha dejado
      de matar peces y otros animales,
      puesto que consumar la perfección de la disciplina
      moral consiste
      en lograr una mente que ha abandonado lo que no
      es virtuoso.

[12] No es posible subyugar a los seres descontrolados,
      cuyo número es infinito como el espacio,
      pero con solo eliminar nuestra mente de odio
      vencemos a todos estos enemigos.

[13] ¿Dónde hay cuero suficiente
      para cubrir toda la superficie de la Tierra?
      Sin embargo, cubriéndonos con cuero las plantas
      de los pies,
      logramos lo mismo que si cubriéramos la Tierra
      entera.

[14] Del mismo modo, no es posible
      controlar todos los acontecimientos.
      No obstante, si domino mi mente,
      ¿qué necesidad tengo de hacerlo?

[15] Los renacimientos como un dios en el primer reino
      de la forma u otros
   como resultado de la concentración clara,
   no se deben a acciones corporales
   ni verbales, sino mentales.

[16] Buda, el Conocedor de Todo, ha dicho
   que recitar mantras y oraciones y soportar
      dificultades espirituales,
   aunque sea durante mucho tiempo,
   no sirve de nada si nuestra mente está distraída.

[17] Incluso aquellos que desean encontrar felicidad
      y evitar el sufrimiento
   vagarán sin rumbo ni objetivo
   si no practican el adiestramiento de la mente,
   el Dharma supremo y principal.

[18] Por lo tanto, vigilaré de cerca mi mente
   y la protegeré de lo que es impropio.
   Sin la disciplina de vigilar la mente,
   ¿de qué me sirven las demás disciplinas?

[19] Al igual que protegería una herida
   si tuviera que abrirme paso entre una multitud
      alborotada,
   también debo proteger siempre mi mente dañada
   cuando me encuentre con personas que estimulen
      mis engaños.

[20] Al igual que protejo una herida física
   por miedo o solo porque me causa molestias,
   ¿por qué no protejo la herida de mi mente
   por temor a ser aplastado por las montañas de los
      infiernos?

[21] Si practico siempre de este modo,
aunque me encuentre con personas inmorales
o que me resulten atractivas,
mi perseverancia y mis votos nunca degenerarán.

[22] Puedo aceptar la pérdida de mis riquezas y
reputación
o incluso de mi sustento o mi cuerpo,
y hasta puedo dejar que mis otras virtudes
degeneren,
pero nunca permitiré que lo haga mi práctica de
proteger la mente.

[23] Con las palmas de las manos juntas
suplico a aquellos que desean proteger su mente:
«Esforzaos siempre por aplicar
la retentiva y la vigilancia mental».

[24] Al igual que aquellos que padecen una enfermedad
no tienen fuerzas para realizar ningún trabajo
físico,
aquellos cuyas mentes están aturdidas por la
confusión
tampoco las tienen para realizar ninguna acción
virtuosa.

[25] Además, aquellos cuyas mentes carecen de
vigilancia mental
no podrán retener en la memoria
las sabidurías de la escucha, la contemplación y la
meditación,
al igual que una vasija agrietada no puede
contener agua.

[26] Incluso aquellos que tienen gran conocimiento
    y mucha fe,
y se han esforzado con sinceridad,
se contaminarán con caídas morales
si carecen de vigilancia mental.

[27] Si carezco de vigilancia mental, los ladrones de los
    engaños
harán que mi retentiva degenere
y me robarán los méritos que con tanta
    perseverancia he acumulado
para hacerme caer en los reinos inferiores.

[28] Estas legiones formadas por los ladrones de los
    engaños
están esperando la oportunidad
de robarme la riqueza de mis virtudes
y acabar con cualquier posibilidad de obtener un
    renacimiento afortunado.

[29] Por lo tanto, no permitiré que mi retentiva
se aleje del portal de mi mente,
y si me doy cuenta de que lo va a hacer,
la renovaré recordando los sufrimientos de los
    reinos inferiores.

[30] Los seres afortunados que siguen las instrucciones
    que han recibido,
respetan a su Guía Espiritual
y tienen miedo a los reinos inferiores,
podrán generar y mantener la retentiva con
    facilidad.

[31] «Siempre estoy en presencia
de los Budas y Bodhisatvas,
que con su mirada omnisciente
lo perciben todo sin obstrucciones.»

[32] Si pensamos de este modo, podremos mantener
el sentido del honor, el respeto y el temor,
y recordar una y otra vez
las buenas cualidades de los Budas.

[33] Cuando mantenemos la retentiva
con el propósito de proteger la mente,
la vigilancia mental surge de manera natural
e incluso recuperamos lo que hayamos perdido.

[34] En primer lugar, debo analizar mi mente,
y si veo que está contaminada por el mal,
he de permanecer inmóvil,
con la mente impasible como un trozo de madera.

[35] Nunca debo mirar alrededor
distraído o sin propósito,
sino que con una mente decidida
he de ser consciente de adónde dirijo la mirada.

[36] De vez en cuando, para relajar la vista,
debo mirar alrededor sin distraerme,
y si alguien entra en mi campo visual
he de reconocerlo y saludarlo.

[37] Para evitar riesgos o accidentes en el camino,
de vez en cuando debo mirar en todas direcciones
e impedir que mi mente se distraiga
aplicando la recta conducta.

[38] Debo practicar del mismo modo
siempre que vaya o venga.
Al comprender la importancia de mantener este
comportamiento,
he de actuar de esta manera en cualquier situación.

[39] Debo prepararme para cualquier actividad
pensando:
«Mi cuerpo y mi mente han de conservar la
serenidad»,
y de vez en cuando he de analizar con
detenimiento
lo que estoy pensando y haciendo.

[40] Con todo mi esfuerzo debo comprobar una y otra
vez
que el elefante salvaje de mi mente
no se escape, sino que permanezca atado
al gran poste de la contemplación del Dharma.

[41] Esforzándome por todos los medios en la
concentración,
no debo dejar que mi mente vague ni siquiera por
un momento,
sino que la analizaré de cerca preguntándome:
«¿Cómo se está comportando mi mente?».

[42] Se dice que algunas veces, cuando practicamos la
generosidad, podemos ser flexibles
al aplicar los aspectos más sutiles de la disciplina
moral.
Cuando se corren riesgos o en una celebración
especial,
se pueden realizar acciones apropiadas para la
ocasión.

[43] Debo realizar lo que me haya propuesto y
    decidido
sin distraerme con otros asuntos,
y con mis pensamientos enfocados en esa práctica,
dedicarme sólo a ella en ese momento.

[44] De este modo, todo lo haré bien,
pues de lo contrario no terminaré ni una cosa ni la
    otra.
Si practico con destreza, no aumentarán
mis engaños secundarios, como la falta de
    vigilancia mental.

[45] Cuando escuche una conversación,
ya sea agradable o desagradable,
o vea a personas, tanto si son atractivas como si
    no lo son,
debo evitar el apego y el odio hacia ellas.

[46] Si de manera injustificada comienzo a realizar
    acciones
que perjudican el medio ambiente,
debo recordar el consejo de Buda
y, por respeto, abandonarlas de inmediato.

[47] Cuando desee moverme
o decir cualquier cosa,
debo examinar mi mente
y actuar con determinación de la manera
    apropiada.

[48] Cuando vaya a surgir en mi mente
el apego o el enfado,
no debo hacer ni decir nada,
sino permanecer impasible como un trozo de
    madera.

[49] Cuando me vuelva presumido, burlón,
arrogante o engreído,
cuando tenga el deseo de criticar a los demás
o de aprovecharme de ellos o engañarlos,

[50] cuando busque ser elogiado,
vaya a menospreciar a los demás
o a pronunciar palabras ofensivas o causar
desunión con la palabra,
debo permanecer impasible como un trozo de
madera.

[51] Cuando desee riquezas, honor, fama
o las atenciones de un círculo de admiradores,
o cuando mi mente desee ser venerada,
debo permanecer impasible como un trozo de
madera.

[52] Si voy a decir algo
que no tenga en cuenta el bienestar de los demás,
sino que solo me beneficie a mí,
debo permanecer impasible como un trozo de
madera.

[53] Si alguna vez me impaciento con mi sufrimiento
o me vuelvo perezoso y tengo miedo a la virtud,
si voy a decir algo imprudente o despectivo,
o a generar apego a mi círculo de conocidos,
debo permanecer impasible como un trozo de
madera.

[54] Por lo tanto, después de reconocer sus engaños
y las mentes que lo llevan a realizar actividades
   sin sentido,
el practicante con coraje domina su mente con
   firmeza
aplicando los oponentes apropiados.

[55] Con completa certeza, fe firme,
perseverancia, respeto, cortesía,
sentido del honor, temor y paz interior,
me esforzaré por hacer felices a los demás.

[56] No debo desanimarme por la conducta de los
   demás,
personas inmaduras que se pelean entre ellas,
sino comprender que su comportamiento está
   gobernado por sus engaños
y ser compasivo con ellos.

[57] Debo realizar sólo acciones virtuosas
para beneficiar a los seres sintientes sin pensar
   en mí,
y hacerlo comprendiendo que soy como una
   ilusión,
que no existe por su propio lado.

[58] Contemplando una y otra vez
que he obtenido esta libertad especial después
   de tanto tiempo,
debo mantener inamovible como el Monte Meru
la intención de extraer el verdadero significado
   de esta vida humana.

[59] Si a ti, mente, te preocupa
que la muerte te separe de este cuerpo,
que será incinerado o enterrado bajo tierra,
¿por qué lo estimas tanto ahora?

[60] ¿Por qué, mente, consideras que este cuerpo es
tuyo
y te aferras a él con tanto apego?
Solo lo has tomado prestado de otros
y pronto te será arrebatado.

[61] ¿Por qué, mente confusa,
no te aferras a un objeto de madera limpio?
¿De qué sirve aferrarse a esta máquina podrida
que no es más que un montón de impurezas?

[62] Comienza arrancando mentalmente
las capas de piel de la carne.
Luego, con el cuchillo de la sabiduría,
separa la carne de los huesos.

[63] Rompe incluso los huesos
y mira la médula que hay dentro.
Realiza la investigación por ti misma:
«¿Dónde está su esencia?».

[64] Si no encuentras ninguna esencia
ni siquiera buscando con gran esfuerzo,
¿por qué, mente, te aferras a este cuerpo
con tanto apego?

[65] Es tan impuro que no se puede ni comer,
su sangre no sirve para beber
y sus intestinos no se pueden chupar.
Por lo tanto, ¿de qué te sirve este cuerpo?

[66] Solo es apropiado protegerlo y cuidarlo
si con él alcanzamos metas espirituales
—el cuerpo del ser humano
solo debe utilizarse para practicar el Dharma—.

[67] Pero si lo proteges con otros fines,
¿qué podrás hacer
cuando el despiadado Señor de la Muerte lo atrape
y lo reduzca a un montón de cenizas?

[68] Puesto que a un sirviente no se le recompensa con
ropa y demás
a menos que trabaje,
¿por qué insistes en alimentar este montón de
carne y huesos,
que a pesar de todo te traiciona?

[69] A cambio del salario que le pago a mi cuerpo,
voy a emplearlo para acumular virtud tanto para
mí como para los demás,
pero no me aferraré a él como «mío»
porque este aferramiento es una forma de
ignorancia.

[70] Voy a considerar mi cuerpo como una barca,
un vehículo para ir y venir,
y para que todos los seres sintientes disfruten de
bienestar,
lo transformaré en una joya iluminada que colma
todos los deseos.

[71] Siempre que sea posible
debo mostrar un rostro sonriente,
no fruncir el ceño ni mirar con odio
y ser amistoso y honrado con los demás.

[72] No debo molestar a los demás con mi
    comportamiento,
haciendo ruido al desplazar muebles
o al abrir y cerrar puertas,
sino deleitarme siempre en la humildad.

[73] Al igual que la cigüeña, el gato o el ladrón
logran sus objetivos con destreza y paciencia,
yo también debo lograr mi meta espiritual
de alcanzar el estado de la iluminación.

[74] Cuando los demás me ofrezcan sabios consejos
    y advertencias
que sean beneficiosos aunque no los haya
    solicitado,
debo aceptarlos con amabilidad y respeto,
y estar siempre dispuesto a aprender de ellos.

[75] Cuando alguien diga la verdad,
debo indicarle: «Has hablado bien»,
y cuando otros realicen acciones virtuosas,
he de alabarlos y sentir verdadera alegría.

[76] Debo describir con discreción las buenas cualidades
    de los demás
y divulgar aquellas de las que oiga hablar,
y si alguien menciona mis buenas cualidades,
simplemente reconocer las que sean ciertas sin
    orgullo.

[77] Todas mis acciones deben estar destinadas a hacer
    felices a los demás.
Esta cualidad es preciosa y difícil de encontrar,
y gracias a ella disfrutaré del gozo y la felicidad
    puros
que resultan de las acciones que benefician a los
    demás.

[78] Si actúo de este modo, no sufriré pérdidas en esta
    vida
y en las futuras disfrutaré de gran felicidad,
pero si hago lo contrario,
padeceré dolores y adversidades vida tras vida.

[79] Debo hablar con sinceridad y coherencia e ir al
    grano,
dando mi opinión con claridad y de manera
    agradable.
He de hablar con amabilidad y moderación,
evitando motivaciones egoístas.

[80] Cuando me encuentre con otros seres,
debo pensar: «Gracias a estos seres sintientes
puedo alcanzar la iluminación»,
y estimarlos con sinceridad.

[81] Tanto si mi motivación es artificial
como si surge de manera espontánea,
siempre debo sembrar las semillas de la gran virtud
en los campos de los seres sagrados y los seres
    sintientes.

[82] Debo realizar todas mis actividades de Dharma
con destreza, buen entendimiento y fe firme
para que los demás aumenten su sabiduría
y experimenten beneficios ilimitados.

[83] Aunque, por lo general, las perfecciones de la
    generosidad y demás
son cada una superior a la anterior,
no debo abandonar grandes virtudes por otras
    menores
y, sobre todo, he de tener en cuenta el beneficio
    de los demás.

[84] Buda, el compasivo Ser de Miras Amplias,
permite que los Bodhisatvas realicen ciertas
    acciones que, por lo general, están prohibidas.
Una vez comprendido esto me esforzaré en todo
    momento
por practicar el modo de vida del Bodhisatva.

[85] Debo compartir mis alimentos con los animales,
los hambrientos y los practicantes,
y solo comeré lo que necesite.
Los que tengan la ordenación monástica pueden
    darlo todo excepto sus tres prendas del hábito.

[86] Puesto que utilizo este cuerpo para practicar la
    bodhichita,
no debo perjudicarlo con el fin de obtener
    beneficios temporales,
sino cuidarlo para alcanzar el objetivo de mi
    bodhichita
y colmar por fin los deseos de todos los seres
    sintientes.

[87] Aquellos que carecen de compasión y sabiduría
    puras
no deben dar su cuerpo,
sino dedicarlo para lograr
el gran propósito de esta vida y de las futuras.

[88] Debo escuchar el Dharma
con respeto y buen corazón,
reconociendo que es la medicina suprema
para curar las enfermedades del odio y el apego.

[89] Debo enseñar el Dharma extenso y profundo con
una intención pura,
libre de cualquier deseo de adquirir riquezas o
reputación,
y he de mantener siempre una motivación pura
de bodhichita
y esforzarme por poner en práctica el Dharma.

[90] Debo enseñar el Dharma para liberar a aquellos
que lo escuchen
del samsara, el ciclo del sufrimiento,
y para conducirlos a la meta última,
el logro de la iluminación.

[91] Debo mantener limpio el medio ambiente y no
ensuciarlo con basura,
sino echarla en el lugar apropiado.
Además, tampoco he de contaminar
el agua ni la tierra que utilizan los demás.

[92] No debo comer con la boca demasiado llena,
haciendo ruido o con la boca abierta.
No he de sentarme con las piernas extendidas
ni frotarme las manos sin sentido.

[93] No debo sentarme a solas con la pareja de otro
en un coche, en una cama o en la misma
habitación.
He de observar y preguntar qué ofende a los
demás
y evitar dichas acciones.

[94] Para mostrar a alguien el camino,
no debo señalar con un solo dedo,
sino utilizar con respeto mi mano derecha
con los dedos extendidos.

[95] No debo mover los brazos sin control,
sino expresarme con movimientos suaves
y gestos apropiados,
puesto que de lo contrario perderé mi compostura.

[96] Para dormir, debo tumbarme en la posición
apropiada,
como lo hizo el Protector Buda para entrar en el
paranirvana,
y antes de conciliar el sueño, con vigilancia mental,
tomar la decisión de levantarme [al día siguiente]
con rapidez.

[97] De entre las ilimitadas prácticas
en las que se enseña el modo de vida del
Bodhisatva,
debo comenzar haciendo hincapié
en aquellas destinadas a adiestrar mi mente.

[98] Debo practicar el *Sutra de los tres cúmulos*
tres veces durante día y otras tres durante la noche,
y con confianza en las Tres Joyas y en la
bodhichita,
purificar mis acciones perjudiciales y caídas
morales.

[99] Haga lo que haga en cualquier situación,
ya sea por mi propio beneficio o por el de los
demás,
debo esforzarme por practicar
el adiestramiento más apropiado para cada ocasión.

[100] Para el Bodhisatva, no hay enseñanza de Buda
que no sea necesario practicar.
Si adquiero destreza en este modo de vida,
ninguna de mis acciones carecerá de méritos.

[101] Ni directa ni indirectamente
debo hacer nada que no sea por el beneficio
    de los seres sintientes,
y he de dedicarlo todo
para que alcancen la iluminación.

[102] Nunca, aunque me cueste la vida,
debo abandonar a mi Guía Espiritual,
que conoce el significado del *mahayana*
y es el practicante supremo del adiestramiento
    del Bodhisatva.

[103] Debo adiestrarme en confiar en mi Guía Espiritual
tal y como se expone en la *Biografía de Shri
    Sambhava*.
Podré comprender esto y otros consejos de Buda
estudiando los Sutras mahayanas.

[104] Debo leer estos Sutras
porque revelan el adiestramiento del Bodhisatva.
En primer lugar, es importante estudiar
el *Sutra de Akashagarbha*.

[105] También es importante leer una y otra vez
el *Compendio de prácticas*
porque revela de manera extensa
lo que debe practicarse en cada ocasión.

[106] Además, de vez en cuando conviene leer
el *Compendio conciso de Sutras*,
y también estudiar con gran esfuerzo
los dos textos con el mismo título compuestos
    por el Ser Superior Nagaryhuna.

[107] En resumen, puesto que he generado la bodhichita
    comprometida y he tomado los votos del
    Bodhisatva,
debo practicar todos los preceptos mencionados
para que la visión pura, la fe y la buena intención
    de los demás
aumenten con mi ejemplo.

[108] La característica principal de la vigilancia mental
es analizar una y otra vez
el estado de nuestro cuerpo, palabra y mente,
y comprobar si nuestras acciones son correctas
    o no.

[109] Debemos poner en práctica las enseñanzas de
    Buda, el Dharma,
porque nada puede lograrse con solo leer palabras.
Un hombre enfermo nunca podrá curarse
si se limita a leer instrucciones médicas.

Aquí concluye el capítulo quinto de la *Guía de las obras del Bodhisatva*, titulado «Vigilancia mental».

Adiestramiento en la paciencia

Si, por ejemplo, se incendia una casa
y existe el riesgo de que el fuego se extienda a
   otras,
es aconsejable eliminar todo aquello que, como la
   hierba seca,
ayude a que se propague el incendio.

CAPÍTULO 6

Adiestramiento en la paciencia

[1] Todas las acciones virtuosas, como la generosidad
   y hacer ofrendas,
   y todos los méritos
   que hayamos acumulado durante miles de eones,
   pueden ser destruidos en un solo momento de
   enfado.

[2] No hay peor maldad que el odio
   ni mejor virtud que la paciencia.
   Por lo tanto, debo esforzarme en lo posible
   por familiarizarme con la práctica de la paciencia.

[3] Si guardo dolorosos sentimientos de odio,
   no disfrutaré de paz interior
   ni encontraré alegría ni felicidad,
   estaré inquieto y seré incapaz de dormir.

[4] Dominado por un ataque de odio,
   puede que llegue incluso a matar a un benefactor
   de cuya bondad dependen
   mi riqueza y mi reputación.

[5] Debido al odio, mis amigos y familiares me
    abandonan,
y aunque intento ser generoso con ellos, ya no
    confían en mí.
En resumen, con odio
nadie puede vivir feliz.

[6] Aunque el enemigo del odio
nos causa todos estos sufrimientos,
quien trabaje duro para superarlo
solo encontrará felicidad en esta vida y en las
    futuras.

[7] Si tengo que hacer lo que no quiero
o no se cumplen mis deseos,
siento malestar, que se convierte en el combustible
para que mi odio aumente y me perjudique.

[8] Por lo tanto, nunca permitiré que el combustible
    del malestar,
que aviva el odio, crezca en mi mente,
puesto que el enemigo del odio no tiene otra
    función
que perjudicarme.

[9] No permitiré que nada de lo que ocurra
perturbe mi paz mental.
Si me siento insatisfecho, no podré colmar mis
    deseos espirituales
y mi práctica de la virtud se deteriorará.

[10] Si algo tiene solución,
¿qué necesidad hay de preocuparse?,
y si no la tiene,
tampoco sirve de nada hacerlo.

[11] Nadie desea sufrimiento, críticas,
palabras ofensivas ni otras circunstancias
    desfavorables
para uno mismo ni para sus amigos,
¡pero sí para sus enemigos!

[12] En el samsara, las causas de felicidad son escasas,
mientras que las de sufrimiento son innumerables.
Puesto que sin sufrimiento no es posible generar
    renuncia,
mente, has de mantenerte firme.

[13] Si los habitantes de Karnapa y algunos ascetas
pueden soportar quemaduras y cortes sin una
    buena razón,
¿por qué no aguanto yo las dificultades
para liberar a todos los seres del sufrimiento?

[14] Puesto que cualquier tarea resulta fácil
después de habernos familiarizado con ella,
debemos aprender a soportar primero los pequeños
    sufrimientos
para poder luego, poco a poco, aceptar los más
    grandes.

[15] Esto puede verse en aquellos que voluntariamente
    soportan pequeños sufrimientos,
como picaduras de insectos o mordiscos de
    animales,
el hambre, la sed
o irritaciones en la piel.

[16] Debo tener paciencia
con el calor, el frío, el viento, la lluvia,
las enfermedades, la falta de libertad y los malos
    tratos,
puesto que si no lo hago, solo aumentará mi dolor.

[17] Algunos, cuando ven su propia sangre,
se llenan de coraje y se arman de valor,
mientras que otros, con solo ver la sangre ajena,
se debilitan e incluso se desmayan.

[18] Puesto que estas reacciones dependen
de la fortaleza de la mente,
no debo prestar atención a ninguna desgracia que
    me ocurra
ni permitir que me afecte el sufrimiento.

[19] Cuando me encuentre con dificultades
debo combatir mis engaños, como el odio,
y cuando padezca dolores físicos,
aplicar la sabiduría para mantener mi mente pura
    y apacible.

[20] Aquellos que hacen caso omiso del sufrimiento
para poder vencer a los enemigos del odio y
    demás [engaños]
son los verdaderos conquistadores que se merecen
    ser llamados «héroes»,
mientras que los otros supuestos héroes no hacen
    más que matar cadáveres.

[21] Además, el sufrimiento tiene muy buenas
         cualidades,
       al experimentarlo eliminamos el orgullo,
       generamos compasión por los que están atrapados
         en el samsara,
       abandonamos el mal y nos deleitamos en la virtud.

[22] Si no me enfado cuando la causa de mi sufrimiento
       es algo inanimado, como una enfermedad,
       ¿por qué hacerlo con causas animadas,
       que también dependen de ciertas condiciones?

[23] Al igual que nos acechan las enfermedades
       aunque no lo deseemos,
       las perturbaciones mentales, como el odio,
       surgen sin que podamos evitarlo.

[24] Las personas no piensan: «Me voy a enfadar»,
       sino que simplemente se enfadan,
       y el odio no piensa: «Voy a surgir»,
       sino que simplemente surge.

[25] Todos los defectos
       y las acciones perjudiciales
       son el resultado de ciertas condiciones
       y carecen de voluntad propia.

[26] Cuando se reúnen las condiciones, no piensan
       que como resultado van a producir sufrimiento,
       y el sufrimiento resultante tampoco piensa:
       «He sido producido por ciertas condiciones».

[27] Ni lo que se establece como «el creador
      independiente de todo»
ni lo que se establece como «el yo permanente e
      independiente»
pueden surgir al pensar de manera intencionada:
«Ahora aparezco».

[28] Si el propio creador independiente no es
      producido,
¿cómo puede a su vez producir algo?
Además, si el yo fuera permanente,
las experiencias desagradables no podrían
      convertirse en agradables.

[29] Está claro que si el yo fuera permanente,
al igual que el espacio, no podría realizar ninguna
      acción,
y aunque se encontrara con otras condiciones,
tampoco podría hacerlo.

[30] Puesto que aunque las encontrase permanecería
      igual,
¿qué efecto podría tener cualquier acción sobre él?
Si afirmas que algún fenómeno puede afectar al
      yo,
¿qué relación tendría con él?

[31] Así pues, todos los efectos surgen a partir de
      ciertas condiciones,
que a su vez dependen de otras que las preceden.
Por lo tanto, todos los fenómenos son como
      ilusiones –no son independientes–.
Si comprendemos esto, no nos enfadaremos nunca.

[32] *«Si todos los fenómenos fueran como ilusiones, ¿quién*
debería abstenerse de qué?
Sin lugar a dudas, cualquier abstención sería
innecesaria.»
Por el contrario, precisamente debido a que los
fenómenos carecen de existencia inherente,
podemos afirmar que es posible cortar el continuo
del sufrimiento.

[33] Así pues, cuando un enemigo o incluso un amigo
comete una acción indebida,
su conducta es el resultado de ciertas condiciones.
Si comprendo esto, mi mente permanecerá feliz.

[34] Si las circunstancias ocurrieran de manera
independiente y se pudieran elegir,
puesto que nadie desea sufrir,
¿cómo podría cualquier ser sintiente
experimentar sufrimiento?

[35] Algunas personas descaminadas se perjudican a sí
mismas
tumbándose sobre clavos y demás,
mientras que otras, obsesionadas por encontrar un
compañero,
incluso pierden el apetito.

[36] Además, también hay quien se perjudica a sí
mismo
cometiendo acciones desesperadas,
como ahorcarse, tirarse por un precipicio
o ingerir veneno o alimentos en mal estado.

[37] Si hasta las personas que se estiman a sí mismas
     por encima de todo,
   bajo la influencia de los engaños, son capaces
     incluso de suicidarse,
   ¿por qué me sorprende que perjudiquen
   a otros seres como yo?

[38] Si soy incapaz de sentir compasión
   por aquellos que bajo la influencia de los engaños
   deciden perjudicarme o incluso matarme,
   al menos debo abstenerme de enfadarme con ellos.

[39] Si la naturaleza de una persona inmadura
   fuera perjudicar a los demás,
   enfadarse con ella serían tan absurdo
   como hacerlo con el fuego cuando nos quemamos.

[40] Y si, por el contrario, normalmente esa persona
     tuviera buen carácter
   y solo me perjudicara como resultado de una
     actitud temporal,
   enfadarse con ella sería tan absurdo
   como hacerlo con el aire cuando se llena de
     humo.

[41] Si una persona nos ataca con un palo u otra arma,
   por lo general nos enfadamos con ella,
   pero como su intención está gobernada por el odio,
   en realidad deberíamos dirigir nuestra ira contra
     ese odio.

[42] En estas situaciones debemos pensar:
   «Puesto que en el pasado he perjudicado a los
     demás de manera similar,
   es justo que yo, que he causado daño a otros,
   reciba ahora ese mismo daño».

[43] El sufrimiento físico que experimento
lo han causado tanto mi cuerpo como el palo,
pero como este último pertenece a mi agresor y mi
   cuerpo a mí,
¿con cuál de los dos debo enfadarme?

[44] Cegado por la codicia y la ignorancia
he obtenido este cuerpo, la base del sufrimiento
   humano,
que no soporta casi ni que lo toquen.
Por lo tanto, ¿con quién debo enfadarme cuando
   le hacen daño?

[45] Aunque nosotros, seres inmaduros, no deseamos
   sufrimiento,
tenemos gran apego a sus causas.
Por lo tanto, puesto que somos los únicos
   culpables del daño que recibimos,
¿existe algún motivo para culpar a los demás?

[46] Al igual que los guardianes de los infiernos,
los bosques de árboles con hojas de cuchillas
   afiladas y demás,
mi sufrimiento en esta vida también es el
   resultado de mis acciones.
Por lo tanto, ¿con quién debo enfadarme?

[47] Aunque aquellos que me perjudican
lo hacen empujados por mi propio *karma*,
son ellos los que como resultado renacerán en los
   infiernos.
Por lo tanto, ¿no soy yo quien en realidad los
   perjudica?

[48] Si los considero como objetos de mi paciencia,
podré purificar innumerables faltas,
pero si ellos me consideran a mí como objeto de
su odio,
tendrán que experimentar sufrimientos infernales
durante mucho tiempo.

[49] Así pues, ya que soy yo quien los perjudica
y ellos quienes me benefician,
¿por qué, mente indisciplinada, tergiversas los
hechos
y te enfadas con ellos?

[50] Si mantengo esta visión correcta,
no crearé la causa para renacer en los infiernos,
pero aunque yo me proteja con la práctica de la
paciencia,
ellos no obtendrán ese mismo resultado.

[51] «Entonces, ¿no sería mejor vengarse?»
¡No! De este modo no los protegería,
sino que degenerarían mis votos del Bodhisatva
y se arruinaría mi práctica de la paciencia.

[52] Puesto que mi mente no es una forma corpórea
nadie puede destruirla,
pero como tengo intenso apego a mi cuerpo,
siento dolor cuando sufre.

[53] Puesto que el desprecio, los insultos
y las palabras desagradables
no perjudican al cuerpo,
¿por qué, mente, te enfadas tanto?

[54] *«Porque si los demás lo escuchan, pensarán mal de ti.»*
Puesto que su aversión no me perjudicará
ni en esta vida ni en las futuras,
¿por qué debo evitarla?

[55] *«Si los demás piensan mal de ti,*
no podrás adquirir riquezas ni una posición social
elevada.»
Pero, de cualquier modo, al morir perderé todos
mis bienes
y solo me quedarán las acciones perjudiciales que
haya cometido.

[56] Sería mejor morir hoy mismo
que tener una vida larga dominada por la maldad,
y aunque viva durante mucho tiempo,
tendré que experimentar los sufrimientos de la
muerte.

[57] Si una persona se despertase de un sueño
en el que ha disfrutado de cien años de felicidad,
y otra se despertase de otro
en el que ha disfrutado de felicidad durante un
solo momento,

[58] una vez despiertas, las dos se encontrarían en la
misma situación,
puesto que ninguna podría recuperar su felicidad.
Del mismo modo, tanto si nuestra vida es corta o
larga,
al morir todo terminará igual.

[59] Aunque viva feliz durante mucho tiempo
y adquiera grandes riquezas y posesiones,
tendré que marcharme de esta vida desnudo y con
las manos vacías,
como si un ladrón me lo hubiera robado todo.

[60] *«Sin embargo, si adquieres riqueza, podrás mantenerte*
y dedicarte a purificar tus faltas y acumular méritos.»
Pero si al adquirir esa riqueza genero engaños,
como el odio,
aumentarán mis defectos y disminuirán mis
méritos.

[61] ¿Qué sentido tiene la vida
si solo se utiliza para cometer acciones
perjudiciales?
Las acciones perjudiciales son la causa principal
del sufrimiento,
y este es el objeto principal que debemos
abandonar.

[62] *«Por lo menos, deberías vengarte cuando alguien te*
critica
y hace que los demás pierdan la fe en ti.»
En ese caso, ¿por qué no me enfado también
cuando alguien habla mal de otras personas?

[63] Si tú, mente, aceptas que otros
pierdan la confianza de los demás,
¿por qué no tienes paciencia cuando alguien habla
mal de ti,
puesto que también lo hace impulsado por sus
engaños?

[64] Incluso si alguien insultara o destruyera el
     Dharma,
     las imágenes sagradas o las estupas,
     sería impropio enfadarnos con él
     porque ¿cómo podría perjudicar a las Tres Joyas?

[65] Del mismo modo, tampoco deberíamos enfadarnos
     con quienes perjudiquen a nuestro Guía Espiritual,
        a nuestros familiares o amigos,
     sino comprender que esto también depende de
        ciertas condiciones,
     tal y como se ha descrito anteriormente.

[66] Puesto que los seres que poseen cuerpo son
        perjudicados
     tanto por objetos animados como inanimados,
     ¿por qué nos enfadamos solo con los objetos
        animados?
     Hemos de tener paciencia con las dos clases de
        objetos.

[67] Si una persona, debido a su ignorancia, causa
        algún perjuicio,
     y otra, también por ignorancia, se enfada con ella,
     ¿cuál de las dos
     actúa correctamente?

[68] Debido a mi ignorancia, en el pasado he cometido
        acciones
     cuyo resultado es que ahora otros me perjudiquen.
     Puesto que todo el daño que recibo está
        relacionado con mis propias acciones,
     ¿por qué me enfado con los demás?

[69] Después de comprender esto,
debo actuar de manera virtuosa
impulsado por el deseo de que todos los seres
    sintientes
se amen entre sí.

[70] Si, por ejemplo, se incendia una casa
y existe el riesgo de que el fuego se extienda a
    otras,
es aconsejable eliminar todo aquello que, como la
    hierba seca,
ayude a que se propague el incendio.

[71] Del mismo modo, cuando los seres a quienes me
    aferro son perjudicados,
mi apego a ellos permite que el fuego del odio se
    extienda en mí.
Por temor a que así se consuman todos mis
    méritos,
debo abandonar este apego para siempre.

[72] ¡Qué afortunada es la persona a la que aún siendo
    condenada a muerte,
solo se le corta una mano!
¡Y qué afortunados seríamos si en lugar de los
    tormentos de los infiernos,
tuviéramos que experimentar solo los sufrimientos
    del reino humano!

[73] Si no podemos soportar los sufrimientos
    relativamente leves
que tenemos que experimentar ahora,
¿por qué no evitamos el odio,
que nos causa sufrimientos mucho mayores en los
    infiernos?

[74] En el pasado, debido a mi apego a las acciones
    perjudiciales,
he padecido los tormentos de los infiernos y otros
    reinos durante eones,
pero esto no nos ha beneficiado de ningún modo
ni a mí ni a los demás.

[75] Sin embargo, si ahora acepto molestias
    relativamente pequeñas,
puedo alcanzar el objetivo supremo
—liberar a todos los seres sintientes del
    sufrimiento—.
Por lo tanto, debo estar contento de tener que
    soportar estas dificultades.

[76] Si alguien se alegra
de alabar a otra persona por sus buenas
    cualidades,
¿por qué, mente, no lo haces tú también
y disfrutas de la misma alegría?

[77] Debo alegrarme siempre de las virtudes y la
    felicidad de los demás.
Este gozo incrementa mis virtudes
y, además, es la causa para complacer a los seres
    sagrados
y el mejor método para beneficiar a los demás.

[78] Aquellos que no se preocupan por el bienestar
    de los demás
ni quieren que sean felices
son como el que deja de pagar un sueldo a sus
    trabajadores
y, como resultado, se encuentra con numerosos
    problemas.

[79] Si cuando alguien elogia mis propias cualidades
quiero que los demás se alegren de ellas,
¿por qué no me alegro yo también
cuando se elogian las de los demás?

[80] Tras haber generado la motivación de bodhichita,
que desea que todos los seres sean felices,
¿por qué demonios no nos alegramos
cuando los demás disfrutan de un poco de
felicidad?

[81] Si deseo realmente que los demás se conviertan
en Budas
y sean venerados en todos los mundos,
¿por qué me desagrada
que reciban ahora algún respeto mundano?

[82] Si alguien a quien cuido
y apoyo de diferentes maneras
encontrase cómo ganarse la vida,
seguro que me alegraría en lugar de enfadarme.

[83] Si, por el contrario, envidio a los seres sintientes
incluso en estas ocasiones,
¿cómo puedo desear que alcancen la iluminación?
¿Dónde está la bodhichita en aquel que no se
alegra
cuando los demás tienen buena fortuna?

[84] Aunque algunas personas se enfadan cuando
alguien beneficia a su enemigo,
tanto si este último recibe el beneficio como si no,
es su odio el que le empuja a atacar
y, por lo tanto, es a este odio al que debemos
culpar, y no al benefactor.

[85] ¿Por qué nos enfadamos y echamos a perder todos
     nuestros méritos,
    la fe que los demás tienen en nosotros y nuestras
     buenas cualidades?
    ¿No sería mejor enfadarnos con el odio mismo,
    puesto que no nos beneficia ni a nosotros ni a los
     demás?

[86] Si ya tengo suficiente conque tú, mente, no te
     arrepientas
    de las acciones perjudiciales que has cometido,
    ¿por qué lo empeoras todavía más
    teniendo celos de aquellos que practican la virtud?

[87] El deseo de que nuestro enemigo sufra
    nos perjudica solo a nosotros porque creamos
     karma negativo.
    Por lo tanto, no deberíamos tener malos
     sentimientos
    hacia nadie, incluyendo a nuestros enemigos.

[88] E incluso si tu enemigo sufriera como deseas,
    ¿cómo te beneficiaría a ti?
    Si me respondes: «Por lo menos, me sentiría
     satisfecho»,
    ¿existe, acaso, mente más infame que esta?

[89] Estos pensamientos son como anzuelos afilados
    que nos arroja el pescador de los engaños, como
     el odio.
    Después de haber picado, seremos cocidos vivos
    en las terribles calderas de los guardianes de los
     infiernos.

[90] Los elogios, la fama y la buena reputación
no aumentarán mis méritos ni alargarán mi vida,
y tampoco me darán vitalidad, me librarán de las
    enfermedades
ni me proporcionarán ningún placer físico.

[91] Los placeres transitorios, como la bebida y los
    juegos de azar,
no tienen sentido y son engañosos.
Si comprendiera el verdadero significado de la
    vida humana,
estos placeres no me importarían.

[92] Para obtener fama y reputación,
algunas personas sacrifican sus riquezas e incluso
    su propia vida.
Sin embargo, ¿de qué nos servirán unas cuantas
    palabras vacías cuando muramos?
¿A quién podrán satisfacer?

[93] Cuando algunas personas pierden su reputación,
se desaniman, como un niño
que llora cuando ha construido un castillo de arena
y se lo lleva la marea.

[94] Unos cuantos sonidos inanimados de corta
    duración
no tienen ni siquiera la intención de alabarme.
«Pero son causa de satisfacción para el que te alaba
y, por lo tanto, tú también deberías alegrarte.»

[95] Tanto si me alaba a mí como a los demás,
¿cómo me beneficia su placer?
Puesto que solo está en su mente,
no recibiré ningún provecho.

[96] *«Pero deberías alegrarte porque él también lo hace.»*
Entonces, debería hacerlo siempre, sin importar de
    quién se trate,
en cuyo caso también debería alegrarme
cuando algo complaciese a mi enemigo.

[97] Buscar la felicidad en las alabanzas
que recibimos de nuestros amigos y otras personas
es completamente impropio
y una conducta infantil.

[98] Las alabanzas me apartan de la virtud,
reducen mi desilusión por el samsara,
me hacen envidiar las cualidades de los demás
y debilitan todo lo que es beneficioso.

[99] Por lo tanto, aquellos que hacen lo posible
por impedir que sea elogiado,
en realidad me están ayudando
a no caer en los reinos inferiores.

[100] Yo, que busco la liberación, no necesito riquezas
    ni una buena reputación
porque solo me mantienen atado al samsara.
Por lo tanto, ¿por qué voy a enfadarme
con aquellos que me liberan de esta prisión?

[101] Aquellos que me hacen sufrir
son como Budas que me conceden bendiciones.
Puesto que me conducen por el camino de la
    liberación,
¿por qué voy a enfadarme con ellos?

[102] «¿*No obstaculizan tu práctica virtuosa?*»
¡No! No hay mejor práctica virtuosa que la
    paciencia.
Por lo tanto, nunca me enfadaré
con aquellos que me causan sufrimiento.

[103] Si, debido a mis propias limitaciones,
no practico la paciencia con mi enemigo,
no es él, sino yo, quien me impide practicar esta
    virtud,
la causa para acumular méritos.

[104] Mi enemigo es la causa de que acumule méritos
    gracias a la paciencia
porque sin él no habría posibilidad de practicar
    esta virtud,
mientras que con él sí la hay.
Por lo tanto, ¿de qué modo obstaculiza mi práctica
    virtuosa?

[105] Un mendigo no es más obstáculo
para los que practican la generosidad
que un abad lo es
para los que desean ordenarse.

[106] Además, aunque hay innumerables mendigos en el
    mundo,
son muy pocas las personas que me perjudican.
En realidad, si yo no hubiera hecho daño a los
    demás en el pasado,
ahora nadie me lo haría a mí.

[107] Como si de repente hubiera aparecido un tesoro
     en mi casa
sin haber hecho ningún esfuerzo por encontrarlo,
debería alegrarme de tener un enemigo
que me ayuda a adoptar la conducta que me
     conduce a la iluminación.

[108] Para mí, mi enemigo es la causa de que practique
     la paciencia.
Por lo tanto, debo dedicar primero
todos los frutos de esta práctica
por el beneficio de la persona que los ha causado.

[109] *«Puesto que tu enemigo no tiene intención de ayudarte*
     a practicar la paciencia,
¿por qué lo veneras?»
Entonces, ¿por qué venerar el Dharma sagrado
como método para practicar la virtud?

[110] *«Sin embargo, es obvio que no deberías venerar a un*
     enemigo
que tiene la intención de perjudicarte.»
Pero si todos fueran como un médico que intenta
     ayudarme,
¿cómo podría adiestrarme en la paciencia?

[111] Por lo tanto, debido a que la práctica de la
     paciencia depende
de personas cuyas mentes están llenas de odio,
debería venerarlas igual que el Dharma sagrado
porque son causas para cultivar la paciencia.

[112] Buda dice que el campo de los seres sintientes
es igual al de los seres iluminados
porque hay numerosos practicantes que,
    complaciendo a los seres sintientes,
han alcanzado el estado de perfección, la Budeidad.

[113] Puesto que los seres sintientes y los seres
    iluminados son iguales,
y las cualidades de estos surgen a partir de
    aquellos,
¿por qué no mostramos por los seres sintientes el
    mismo respeto
que por los seres iluminados?

[114] Aunque no son iguales respecto a sus realizaciones,
puesto que los seres sintientes tienen la cualidad
de ayudar a producir el mismo resultado, la
    Budeidad,
son iguales en el sentido de que son también un
    campo de méritos.

[115] Los méritos que se acumulan al venerar a alguien
    que siente un amor infinito
vienen determinados por el número incontable de
    seres sintientes,
mientras que los que se acumulan al tener fe en los
    Budas,
por la grandeza de estos últimos.

[116] Por lo tanto, se dice que son iguales porque ser
    respetuosos con ambos
nos conduce al logro del estado de la Budeidad.
Sin embargo, puesto que los seres sintientes no
    poseen cualidades ilimitadas,
en realidad no son iguales que los Budas.

[117] Las cualidades extraordinarias de los Budas son
        tan extensas
    que cualquier ser sintiente que solo adquiera
        algunas de ellas
    es digno de una veneración que no podría
        mostrarse de manera adecuada
    ni aunque se le ofrecieran todos los objetos que
        existen en los tres mundos.

[118] Por lo tanto, debido a que nos ayudan a alcanzar
    el estado supremo de la Budeidad,
    por lo menos, desde este punto de vista,
    es apropiado venerar a los seres sintientes.

[119] Además, aparte de complacer a los seres sintientes,
    ¿de qué otro modo podemos corresponder
    a estos supremos amigos constantes
    que nos conceden innumerables beneficios?

[120] Si beneficio a los seres sintientes, puedo
        corresponder a Buda,
    que en numerosas ocasiones entregó su vida por
        ellos y se arrojó al más profundo de los
        infiernos.
    Por lo tanto, aunque me causen graves daños,
    siempre los trataré con respeto y buen corazón.

[121] Si los Budas, que son muy superiores a mí,
    no tienen en cuenta su cuerpo a la hora de
        beneficiar a los seres sintientes,
    ¿por qué actúo impulsado por un orgullo absurdo
    y no me comporto como si fuera siervo de los
        demás?

[122] Los Budas se alegran cuando los seres sintientes
son felices
y se disgustan cuando sufren.
Por lo tanto, es evidente que cuando complazco
o perjudico a los seres sintientes
es como si lo hiciera a los mismos Budas.

[123] Al igual que perjudicar a un niño
no es manera de complacer a su madre,
si perjudicamos a cualquier ser sintiente,
tampoco complaceremos a los compasivos Budas.

[124] Por lo tanto, puesto que he perjudicado a los seres
sintientes,
lo cual ha disgustado a los compasivos Budas,
hoy confieso todas y cada una de mis acciones
perjudiciales.
¡Oh, seres compasivos, por favor, perdonadme por
haberos ofendido!

[125] De ahora en adelante, para complacer a los
Tathagatas,
voy a convertirme en siervo de todos los seres
sintientes.
Incluso si los demás me golpean o humillan,
complaceré a los Budas no tomando represalias.

[126] Sin lugar a dudas, los compasivos Budas
han alcanzado la realización de cambiarse por
todos los seres sintientes.
Por lo tanto, puesto que la naturaleza de los seres
sintientes es la misma que la de los Budas,
debemos mostrarles el mismo respeto.

[127] Practicar de este modo complace a los Budas,
es el mejor método para acumular méritos
y me permite eliminar el sufrimiento del mundo.
Por lo tanto, debo practicar siempre las tres clases
    de paciencia.

[128] Si, por ejemplo, el ministro de un rey
perjudicara a numerosas personas,
las más inteligentes no intentarían vengarse de él
aunque pudiesen

[129] porque sabrían que no está solo,
sino protegido por el poderoso rey.
Del mismo modo, no debemos vengarnos
de aquellos que nos causan pequeños perjuicios

[130] porque están protegidos por los compasivos Budas
e incluso por los guardianes de los infiernos.
Por lo tanto, debemos ser como los súbditos de un
    poderoso rey
e intentar complacer a los seres sintientes.

[131] Aunque el rey se enfadara,
no podría obligarme a experimentar los
    sufrimientos de los infiernos,
que es lo que me espera
si perjudico a los demás.

[132] Y, por muy benévolo que fuera ese rey,
no podría concederme el logro de la Budeidad,
que es lo que alcanzaré
si complazco a los demás.

[133] ¿Qué me impide ver que mi futuro logro de la
    Budeidad,
y mi éxito, buena reputación
y prosperidad en esta vida
son el resultado de complacer a los demás seres
    sintientes?

[134] Incluso mientras permanezca en el samsara,
si practico la paciencia obtendré formas físicas
    atractivas,
buena salud, reputación y longevidad,
e incluso disfrutaré de la inmensa felicidad de un
    rey *chakravatin*.

Aquí concluye el capítulo sexto de la *Guía de las obras del Bodhisatva*, titulado «Adiestramiento en la paciencia».

Adiestramiento en el esfuerzo

Cuando me asalten las huestes de engaños,
las opondré de mil maneras.
Como un león entre zorros,
no permitiré que los engaños me perjudiquen.

CAPÍTULO 7

Adiestramiento en el esfuerzo

[1] Con la práctica de la paciencia debo adiestrarme
      en el esfuerzo
   porque de ello depende el fruto de la iluminación.
   Al igual que la llama de una vela no se mueve si
      no hay viento,
   las acumulaciones de méritos y sabiduría tampoco
      pueden aumentar sin esfuerzo.

[2] El esfuerzo es la mente que se deleita en la virtud.
   Sus oponentes son la pereza de la inactividad,
   la que surge del apego a las actividades que nos
      distraen
   y la que surge del desánimo.

[3] La pereza de la inactividad surge cuando
   nos sentimos atraídos por los placeres mundanos,
   en particular, los del dormir,
   y por ello los sufrimientos del samsara no nos
      decepcionan.

[4] ¿Por qué no comprendemos que mientras
permanezcamos atrapados
en la trampa de los engaños, como la pereza,
seguiremos enredados en la red del samsara
entre las garras del Señor de la Muerte?

[5] Si lo analizo con detenimiento, comprobaré que el
Señor de la Muerte
va ejecutando a todas las personas de manera
sistemática.
Sin embargo, sigo sin preocuparme por mi muerte,
como el animal que no se da cuenta de que lo van
matar.

[6] El Señor de la Muerte está buscando su próxima
víctima
para impedir que avance por el camino hacia la
liberación,
y es muy posible que esa víctima sea yo.
Por lo tanto, ¿cómo puedo dejarme dominar por
los placeres mundanos?

[7] Puesto que la muerte llega con rapidez,
acumula méritos y sabiduría mientras puedas.
No esperes al momento de la muerte para
abandonar la pereza
porque entonces será demasiado tarde.

[8] Sin haber comenzado algunas tareas
ni haber terminado otras,
el Señor de la Muerte nos atacará de repente,
y entonces pensaré: «¡Oh, no! ¡Esto es el fin!».

[9] Cuando me convierta en víctima del Señor de la
     Muerte,
   mis familiares, con los ojos hinchados y enrojecidos
     por el dolor,
   y el rostro cubierto de lágrimas,
   terminarán perdiendo la esperanza.

[10] Atormentado por los recuerdos de mis acciones
      perjudiciales
    y oyendo el estrépito del infierno inminente,
    aterrorizado, me cubriré de excremento.
    ¿Qué podré hacer en este lamentable estado?

[11] Si incluso en esta vida humana voy a sentir el
      mismo terror
    que un pez que lo están asando vivo,
    ¿cómo podré soportar los sufrimientos de los
      infiernos
    que experimentaré como resultado de mis acciones
      perjudiciales?

[12] Como resultado de las acciones perjudiciales que
      he cometido
    renaceré en los infiernos calientes,
    donde mi carne tierna y sensible será abrasada por
      metales fundidos al rojo vivo.
    ¿Cómo, entonces, puedo permanecer tranquilo
      dominado por la pereza?

[13] Deseo lograr elevadas realizaciones sin hacer
    ningún esfuerzo,
    alcanzar la libertad permanente sin tener que
    soportar ningún dolor
    y vivir tanto tiempo como un dios de larga vida
    mientras estoy entre las garras de la muerte.
    ¡Qué necio soy! Cuando llegue el momento de mi
    muerte, me abrumará el sufrimiento.

[14] Si utilizamos la nave de nuestra forma humana,
    podemos cruzar el gran océano del sufrimiento.
    Puesto que en el futuro será muy difícil encontrar
    una embarcación así,
    ¡no seas necio y no te quedes dormido!

[15] ¿Por qué abandono el gozo del sagrado Dharma,
    fuente inagotable de felicidad,
    para buscar placer en distracciones y objetivos
    absurdos
    que solo causan sufrimiento?

[16] Sin desanimarme, debo acumular méritos y
    sabiduría,
    y esforzarme por controlar mi mente con retentiva
    y vigilancia mental.
    Luego, he de igualarme con los demás
    y adiestrarme en cambiarme por ellos.

[17] No debo desanimarme pensando:
    «¿Cómo voy a alcanzar la iluminación?»,
    puesto que los Tathagatas, que solo dicen la
    verdad,
    han asegurado que es posible.

[18] Se dice que incluso las moscas, las abejas, los
    mosquitos
    y todos los demás insectos y animales
    pueden alcanzar el excepcional e insuperable
        estado de la iluminación
    si desarrollan el poder del esfuerzo.

[19] Entonces, ¿por qué yo, que he renacido como un
        ser humano
    y comprendo el significado de los caminos
        espirituales
    no voy a alcanzar la iluminación
    si adopto el modo de vida del Bodhisatva?

[20] Algunas personas se desaniman por miedo
    a tener que sacrificar su carne,
    pero esto es debido a que no comprenden
    qué es lo que se debe dar o cuándo.

[21] Aunque en nuestras vidas anteriores, durante
        incontables eones,
    hemos sido mutilados, apuñalados, quemados
    y desollados vivos en innumerables ocasiones,
    no hemos recibido ningún beneficio de ello.

[22] Sin embargo, las dificultades que debemos vencer
        para alcanzar la iluminación
    son insignificantes en comparación con estas.
    Sería como soportar las molestias de una
        operación
    para evitar dolores mayores.

[23] Si los médicos tienen que utilizar tratamientos
desagradables
para curar a las personas de sus enfermedades,
yo debería ser capaz de aceptar ciertas
incomodidades
para acabar con los innumerables sufrimientos del
samsara.

[24] Pero Buda, el Médico Supremo, no utiliza
estos tratamientos convencionales,
sino que emplea métodos extremadamente suaves
para curar las graves enfermedades de los engaños.

[25] En primer lugar, Buda, nuestro Guía, nos anima
a practicar la generosidad con objetos como los
alimentos.
Después, cuando nos hayamos acostumbrado
a ello,
podremos aprender de manera gradual a dar
nuestra propia carne.

[26] Cuando, por fin, generemos una mente
que considere que nuestro cuerpo es como los
alimentos,
¿qué malestar sentiremos
al ofrecer nuestra carne?

[27] El Bodhisatva ha abandonado las acciones
perjudiciales y, por lo tanto, no experimenta
sufrimiento físico,
y puesto que realiza la vacuidad con claridad,
tampoco siente dolor mental.
En cambio, nosotros estamos afligidos por las
concepciones erróneas
y nuestros cuerpos y mentes sufren por culpa
de las acciones perjudiciales.

[28] Debido a sus méritos, el Bodhisatva experimenta placer físico,
y gracias a su sabiduría, gozo mental.
Por lo tanto, aunque este ser compasivo tenga que permanecer en el samsara por el beneficio de los demás,
¿cómo es posible que algo lo perturbe?

[29] Gracias al poder de su bodhichita,
ha purificado las acciones perjudiciales cometidas en el pasado,
y debido a que posee grandes acumulaciones de méritos y sabiduría,
se dice que es superior a los Oyentes.

[30] Montado sobre el corcel de la bodhichita,
que elimina el desánimo y el cansancio físico,
el Bodhisatva recorre el camino de gozo en gozo.
Por lo tanto, ¿quién puede desanimarse?

[31] Los cuatro poderes que nos ayudan a beneficiar a los demás son:
el poder de la aspiración, el de la perseverancia, el del gozo y el de la relajación.
El poder de la aspiración se genera contemplando los beneficios de las acciones virtuosas
y temiendo al ciclo de sufrimientos.

[32] Después de superar las tres clases de pereza,
debo esforzarme en todo momento por aumentar mi esfuerzo
con la aspiración, la perseverancia, el gozo y la relajación,
y también con la familiaridad y la flexibilidad mental.

[33] En el pasado he cometido
innumerables acciones perjudiciales,
y una sola de ellas puede hacerme
experimentar sufrimiento durante incontables
eones.

[34] Sin embargo, debido a mi pereza,
no he purificado ni una sola de estas faltas
y, por lo tanto, soy morada de un sufrimiento
infinito.
¿Por qué no se me encoge el corazón de miedo?

[35] Aunque debo cultivar las buenas cualidades de un
Bodhisatva
por mi propio beneficio y el de los demás,
es posible que tarde innumerables eones
en adquirir una sola de ellas.

[36] Hasta ahora no me he familiarizado
ni con una pequeña parte de estas buenas
cualidades.
¡Qué trágico sería si ahora desperdiciara
este excepcional y precioso renacimiento humano
en objetivos sin sentido!

[37] ¿Tengo fe en Buda y lo respeto?,
¿he puesto en práctica sus enseñanzas, el Dharma?,
¿confío en los amigos espirituales supremos,
la Sangha?,
¿he colmado los deseos de los pobres y
necesitados?

[38] ¿Ayudo a los que están en peligro
o consuelo a los que sufren?
¡No! Lo único que he hecho es padecer las
incomodidades
de estar en el seno de mi madre y todo el
sufrimiento que vino a continuación.

[39] En mis vidas anteriores mantuve creencias
que contradecían las enseñanzas de Buda
y, como resultado, ahora soy pobre en realizaciones
espirituales.
Sabiendo esto, ¿cómo puedo abandonar la práctica
de Dharma?

[40] Buda, el Ser Apto, ha dicho
que la raíz del Dharma es la intención de
practicarlo.
Podemos generar esta intención meditando
en la ley del karma o de las acciones y sus efectos.

[41] Los sufrimientos físicos y mentales,
los diferentes temores
y el tener que separarnos de lo que nos gusta
son resultados de nuestras acciones perjudiciales.

[42] Por haber cometido acciones perjudiciales,
aunque deseemos ser felices,
seremos atravesados por las armas del sufrimiento
dondequiera que vayamos.

[43] Sin embargo, si realizamos acciones virtuosas con
una intención pura,
disfrutaremos de felicidad
como resultado de nuestros méritos
sin importar dónde renazcamos.

[44] Aquellos que nacen en la tierra pura de Buda
surgen del loto de las acciones puras que han
realizado gracias a la luz de las bendiciones del
Buda Vencedor.
Son completamente puros y no están contaminados
por los engaños, como un loto sin manchas de
barro.
Alimentados por la escucha directa de la palabra
del Buda Vencedor, experimentan la paz interior
suprema.
Esta felicidad y bondad son el resultado de
acciones virtuosas, como las seis perfecciones,
la oración y la dedicación.

[45] En cambio, aquellos que nacen en los infiernos,
sobre el ardiente suelo de hierro al rojo vivo,
sufren a manos de los verdugos del Señor
de la Muerte,
que los despellejan y vierten cobre fundido por los
orificios de su cuerpo
y luego, atravesándolos con lanzas y espadas
afiladas, cortan sus cuerpos en cientos de
pedazos.
Estos sufrimientos, que se experimentan durante
incontables eones, son el resultado de sus
acciones perjudiciales.

[46] Por lo tanto, debo mantener siempre la intención
de realizar acciones virtuosas y no cometer
acciones perjudiciales,
y con esfuerzo poner en práctica esta intención.
Tal y como se menciona en el *Sutra Vajradotsa*,
debo completar cualquier práctica de Dharma que
esté estudiando con total confianza.

[47] Primero, debo comprobar si lo que es necesario
hacer
voy a ser capaz de hacerlo o no.
Si no voy a ser capaz de hacerlo, no debo
comenzarlo,
pero después de haber empezado algo, no debo
echarme atrás.

[48] De lo contrario, llevaré conmigo este hábito a mis
vidas futuras
y mis acciones perjudiciales y sufrimiento seguirán
aumentando.
Además, tardaré mucho tiempo en completar
acciones virtuosas
y obtendré pocos resultados.

[49] Debo mantener confianza en tres cosas:
en mi práctica de Dharma, en mis actividades
de Dharma y en superar mis engaños.
He de animarme pensando: «Voy a conducir a
todos los seres sintientes a la felicidad de la
iluminación»,
y de este modo mantener mi confianza en estas
tres cosas.

[50] Al contrario que yo, los seres mundanos son
impotentes.
Bajo el control de los engaños y el karma
son incapaces de llenar sus vidas de significado.
Por lo tanto, voy a practicar la virtud para
beneficiarlos.

[51] ¿Cómo puedo permanecer sentado sin hacer nada
mientras los demás desperdician sus vidas en
actividades sin sentido?
Aunque parezca que actúo con arrogancia,
debo tener confianza en mí mismo, que es distinto
que ser arrogante.

[52] Si hay una serpiente moribunda en el suelo,
los cuervos la atacarán como águilas intrépidas.
De igual manera, si tengo poca confianza en mí
mismo,
incluso la menor adversidad me desanimará.

[53] Si debido a la pereza abandono mi esfuerzo,
¿cómo podré alcanzar la iluminación en este
estado de debilidad?
Sin embargo, si tengo confianza en mí mismo
y pongo esfuerzo,
ni siquiera la mayor de las adversidades podrá
desanimarme.

[54] Por lo tanto, con una mente firme,
evitaré todas las caídas morales,
puesto que si fuera derrotado por una de ellas,
mi deseo de vencer los obstáculos sería solo una
farsa.

[55] «Superaré todos los obstáculos
y ninguno de ellos me vencerá.»
Por lo tanto, yo, que voy a convertirme en un
Vencedor,
practicaré con confianza en mí mismo.

[56] Quien esté gobernado por el orgullo
está bajo la influencia de los engaños, no de la
confianza en sí mismo.
Esta persona ha sucumbido ante el enemigo del
orgullo,
mientras que el que tiene confianza en sí mismo,
no.

[57] Aquellos que estén envanecidos por la
perturbación mental del orgullo
renacerán en los reinos inferiores,
y si luego lo hacen con una forma humana,
serán pobres y desdichados, como los esclavos que
se alimentan con los desperdicios de los demás.

[58] Estúpidos, feos y desvalidos, nadie los respetará.
Las presuntas «personas fuertes», hinchadas de
orgullo,
además se consideran importantes.
¿Hay, acaso, algo más lamentable?

[59] En cambio, quien tiene confianza en vencer al
enemigo del orgullo
es una persona con confianza en sí misma y un
verdadero héroe vencedor,
y quien derrote por completo al enemigo del
orgullo
será capaz de colmar los deseos temporales de los
seres sintientes y de otorgarles el fruto de la
iluminación.

[60] Cuando me asalten las huestes de engaños,
las opondré de mil maneras.
Como un león entre zorros,
no permitiré que los engaños me perjudiquen.

[61] Al igual que las personas se protegen los ojos
cuando están en peligro,
cuando corra el riesgo de generar engaños,
me protegeré de su influencia.

[62] Sería mucho mejor que me quemasen vivo
o me cortasen la cabeza
que someterme una sola vez
al enemigo de los engaños.

[63] Como un Bodhisatva, debo desear trabajar por los
demás
con el mismo entusiasmo que aquel
que disfruta jugando.
Nunca me cansaré, sino que estaré siempre
contento.

[64] Aunque no estén seguras de si obtendrán como
resultado felicidad o sufrimiento,
las personas mundanas trabajan duro para
satisfacer sus deseos.
Entonces, ¿por qué no disfrutamos de la práctica
de Dharma,
que sin lugar a dudas nos va a llenar de felicidad?

[65] Siento un intenso anhelo por adquirir objetos de
deseo que,
como la miel sobre el filo de una navaja, no
producen verdadera satisfacción.
Sería mucho mejor sentir anhelo por realizar
acciones virtuosas,
que son la causa de la felicidad duradera de la
liberación del sufrimiento.

[66] Por lo tanto, realizaré las acciones virtuosas
       mencionadas con anterioridad
     con el mismo entusiasmo
     que un elefante que, atormentado por el calor del
       mediodía,
     se sumerge en un lago de agua refrescante.

[67] Si estoy débil o cansado, debo dejar lo que esté
       haciendo
     y seguir cuando haya descansado.
     Cuando haga algo bien, no debo tenerle apego,
     sino continuar con la siguiente actividad que tenga
       que realizar.

[68] Al igual que un guerrero experimentado en el
       frente de batalla
     se acerca a las armas del enemigo con cautela,
     yo me protegeré de las armas de los engaños
     y apresaré a estos enemigos para destruirlos.

[69] Si alguien deja caer su arma en una batalla,
     la recogerá de inmediato temiendo por su vida.
     Del mismo modo, si yo perdiera el arma de la
       retentiva,
     recordaré el sufrimiento de los infiernos y,
     atemorizado, la renovaré enseguida.

[70] Al igual que una gota de veneno puede recorrer
       todo el cuerpo
     a través de la sangre,
     si se les da la oportunidad,
     los engaños también se extenderán por la mente.

[71] El practicante de Dharma debería adiestrarse con
    tanta atención
como una persona que tuviera que andar con una
    vasija llena de aceite hirviendo
sabiendo atemorizada que si derrama una sola
    gota,
el verdugo que va detrás de ella la matará con una
    espada.

[72] Por lo tanto, al igual que me levantaría con rapidez
si una serpiente se posara sobre mi regazo,
cuando me amenace el sueño o la pereza,
al instante los eliminaré de mi mente.

[73] Cada vez que genere alguna falta, como los
    engaños,
me regañaré a mí mismo
y luego me concentraré durante mucho tiempo
en la determinación de no dejar que vuelva a
    ocurrir.

[74] De este modo, en cualquier situación
me familiarizaré con la retentiva
practicando el Dharma con sinceridad y pureza
para protegerme a mí mismo y a los demás del
    sufrimiento.

[75] Para asegurarme de que dispongo de fortaleza para
    hacer todo esto,
antes de comenzar recordaré
las instrucciones sobre la recta conducta
y realizaré estas actividades con flexibilidad física y
    mental.

[76] Al igual que un trozo de algodón se desplaza de
       un lugar a otro
    zarandeado por el viento,
    si controlo mi cuerpo, palabra y mente con el gozo
       del esfuerzo,
    alcanzaré todas las realizaciones con rapidez.

Aquí concluye el capítulo séptimo de la *Guía de las obras del Bodhisatva*, titulado «Adiestramiento en el esfuerzo».

Adiestramiento en la concentración

Refrescados por la luz de la luna y el aroma de las
   flores,
y abanicados por una brisa silenciosa y apacible,
permanecen alegremente sin distracciones
con la mente concentrada en beneficiar a los demás.

CAPÍTULO 8

Adiestramiento en la concentración

[1] Tras haber cultivado el esfuerzo de este modo,
debo emplazar mi mente en la concentración
porque aquel con una mente distraída
está atrapado entre los colmillos de los engaños.

[2] Las distracciones no surgen en aquellos
que permanecen en soledad física y mental.
Por lo tanto, debo renunciar a la vida mundana
y abandonar los pensamientos perturbadores.

[3] El apego a las personas, a las posesiones y a la
    reputación
me impide renunciar a la vida mundana.
Para abandonar estos obstáculos
debo realizar la siguiente contemplación.

[4] Tras comprender que es posible eliminar por
  completo los engaños
  con la unión de la permanencia apacible y la
  visión superior,
  debo esforzarme por alcanzar la permanencia
  apacible
  y abandonar voluntariamente el apego a la vida
  mundana.

[5] Yo, que me descompongo a cada momento, tengo
  apego a otras personas,
  que también se descomponen sin cesar.
  Como resultado, no podré ver
  objetos puros y agradables durante miles de vidas.

[6] Si no veo a la persona que encuentro atractiva,
  me siento desdichado y no logro concentrarme,
  y cuando la veo tampoco estoy satisfecho,
  sino que sigo tan atormentado por el apego como
  antes.

[7] El intenso apego a otros seres sintientes
  obstaculiza la visión correcta de la vacuidad,
  impide la renuncia al samsara
  y en el momento de la muerte causa un gran dolor.

[8] Mientras nos preocupamos por asuntos mundanos
  nuestra vida transcurre sin sentido.
  Por amigos y familiares temporales
  descuidamos el Dharma que nos conduce a la
  liberación permanente.

[9] Al comportarnos de esta forma tan inmadura,
creamos las causas para renacer en los reinos
inferiores.
Puesto que los seres mundanos nos conducen
a estos estados desafortunados,
¿qué sentido tiene confiar en ellos?

[10] En un momento dado son amigos
y al siguiente se convierten en enemigos,
e incluso al divertirse se enfadan.
¡Qué poco fiables son los seres mundanos!

[11] Si les hablo de una actividad llena de significado,
se enfadan
e incluso intentan impedirme que la realice.
Si, además, no les hago caso, también se enfadan
y con ello crean las causas para renacer en un
reino inferior.

[12] Las personas inmaduras tienen celos de aquellos
que son superior a ellas,
compiten con sus iguales y son arrogantes con sus
inferiores.
Se sienten orgullosas cuando reciben alabanzas y
se enfadan cuando las critican.
No obtendremos ningún beneficio de tenerles
apego.

[13] Como resultado de relacionarnos con personas
inmaduras,
de manera natural cometemos acciones
perjudiciales,
como alabarnos a nosotros mismos, criticar a los
demás
y hablar sobre la importancia de los placeres
mundanos.

[14] Las relaciones que he mantenido con personas
      inmaduras
me han decepcionado por completo
porque ellas no han hecho nada para colmar mis
      deseos
ni yo tampoco para colmar los suyos.

[15] Por lo tanto, debo alejarme de las personas
      inmaduras.
Si luego me encuentro con alguna de ellas,
      me alegraré de verla y la complaceré,
y sin mantener una relación demasiado estrecha,
me comportaré con amabilidad según las
      costumbres.

[16] Al igual que las abejas recogen el polen de las
      flores,
debo reunir lo necesario para mantener mi práctica
y luego, sin aferrarme, volver a retirarme en
      soledad
como si no me hubiera encontrado con nadie.

[17] Si los demás piensan que poseo riquezas,
se interesarán por mí y me respetarán,
pero si cultivo esta clase de orgullo,
después de morir experimentaré un miedo terrible.

[18] ¡Oh, mente confusa!,
por cada objeto que acumules
tendrás que padecer mil veces más sufrimiento
por el apego que le tienes.

[19] Por lo tanto, puesto que los objetos de apego
    causan temores,
    el sabio no debe apegarse a ellos,
    sino mantenerse firme reconociendo
    que debido a su naturaleza hay que dejarlos atrás.

[20] Aunque haya acumulado posesiones,
    tenga fama y buena reputación,
    nada de esto
    podrá acompañarme después de mi muerte.

[21] ¿Por qué me enfado cuando alguien me critica
    y me alegro cuando me alaba?
    Tanto las críticas como las alabanzas son meras
    palabras vacías,
    como un eco en una cueva.

[22] Si los seres sintientes tienen tantos deseos
    que ni siquiera Buda puede complacerlos,
    ¿qué posibilidades tengo yo, que soy un ser
    ordinario y confuso?
    Por lo tanto, debo abandonar el deseo de
    relacionarme con personas mundanas.

[23] Rechazan a los que carecen de riquezas
    y desprecian a los que las poseen.
    Estas personas, que resultan tan difíciles de
    complacer,
    ¿podrán ver en mí algo más que defectos?

[24] Cuando no se cumplen sus deseos,
    las personas inmaduras se enfadan.
    Por esta razón, los Tathagatas aconsejan
    que no nos relacionemos con ellas.

[25] ¿Cuándo me retiraré a un bosque
a vivir entre los árboles
con los pájaros y los ciervos, que nunca ofenden
y con los que da gusto vivir?

[26] ¿Cuándo viviré en una cueva, en una ermita
   abandonada
o bajo los árboles,
con una mente libre de apego
y que nunca mira atrás?

[27] ¿Cuando viviré en un lugar que no tenga dueño,
abierto y extenso por naturaleza,
donde pueda actuar con libertad
sin ningún apego a cuerpos ni posesiones?

[28] Si solo poseo unos pocos objetos, como un cuenco
   para mendigar
y prendas de vestir que nadie desee,
no correré el riesgo de que los ladrones y bandidos
   intenten robarme.
De este modo, viviré sin aferrarme a mi «yo» ni a
   lo «mío».

[29] Me retiraré a un cementerio
y meditaré sobre la impermanencia de mi cuerpo
pensando que en realidad no es diferente de un
   cadáver,
puesto que ambos se descomponen a cada
   momento.

[30] Cuando me muera es posible
que mi cuerpo se descomponga con rapidez y
emita un olor tan nauseabundo
que ni los zorros quieran acercarse a él.
Debo aceptar con agrado que estas cosas pueden
sucederme.

[31] Si este cuerpo, que es una unidad,
se disgregará en diferentes partes
de carne y huesos,
¿qué podemos esperar de nuestras relaciones?

[32] He nacido solo
y tendré que morir solo también.
Puesto que no puedo compartir estos sufrimientos
con los demás,
¿de qué me sirven los amigos que me impiden
practicar la virtud?

[33] Al igual que un viajero no tiene apego
a la posada donde se hospeda durante una noche,
yo tampoco debo tener apego a este cuerpo,
que es mi posada solo durante este renacimiento.

[34] Antes de que mi cuerpo
sea transportado en un féretro por cuatro hombres
y algunas personas mundanas se lamenten de mi
muerte,
me retiraré a un bosque en soledad.

[35] Sin encontrarme con amigos ni enemigos,
mi cuerpo permanecerá en total soledad.
Si ya me consideraban muerto,
nadie llorará por mí.

[36] Entonces, sin nadie a mi alrededor
que se lamente o intente perjudicarme,
¿quién podrá distraerme
del recuerdo del sagrado Buda?

[37] Por lo tanto, viviré solo
en un lugar tranquilo y apacible.
Feliz, satisfecho y sin preocupaciones,
me esforzaré por apaciguar mis distracciones.

[38] Tras haber abandonado todos los deseos
    mundanos
y con la sola motivación de bodhichita,
me esforzaré por alcanzar la concentración
    convergente
y controlar mi mente recordando el significado
    de la vacuidad.

[39] Los deseos perturbadores causan desgracias
tanto en esta vida como en las futuras.
Por su culpa, en esta vida seremos maltratados,
    encarcelados y asesinados,
y en la próxima, experimentaremos los
    sufrimientos de los reinos inferiores.

[40] Para conseguir una pareja sexual,
algunas personas envían mensajeros
y, olvidando el daño que pueda causar a su
    reputación,
cometen toda clase de acciones perjudiciales.

[41] Cometemos malas acciones
e incluso sacrificamos nuestra riqueza por ellos,
pero ¿cuál es la verdadera naturaleza de estos
    cuerpos
que nos gusta tanto abrazar?

[42] No son más que esqueletos
que no son independientes y carecen de existencia
inherente.
En lugar de desearlos y tenerles tanto apego,
¿por qué no me esfuerzo por pasar más allá del
dolor?

[43] Cuando tenemos apego a alguien,
deseamos contemplar su rostro una y otra vez,
pero tanto si lo conseguimos como si no,
su verdadero rostro estará siempre cubierto por la
piel.

[44] Si le arrancáramos la piel,
comprenderíamos que no es un objeto de deseo,
sino de aversión.
Por lo tanto, ¿por qué tenemos tanto apego al
cuerpo de los demás?

[45] Aunque protegemos celosos a nuestra pareja de
ser seducida por otras personas,
el Señor de la Muerte nos la robará
y su cuerpo será incinerado o sepultado bajo
tierra.
Por lo tanto, ¿de qué nos sirven los celos y el
apego?

[46] Los cuerpos de otras personas a los que tenemos
tanto apego
no son más que montones de carne y huesos.
Puesto que en cualquier momento el Señor de la
Muerte puede destruirlos,
¿por qué les tenemos tanto apego?

[47] Cuando vemos un cadáver, que no es más que un
montón de carne y huesos,
tenemos miedo aunque no se mueva.
Por lo tanto, ¿por qué no tenemos miedo también
de los cuerpos vivos, que tampoco son más que
montones de carne y huesos
que se trasladan de un sitio a otro como zombis?

[48] Puesto que ni los cadáveres ni los cuerpos vivos
son más que montones de carne y huesos,
¿por qué me atraen los cuerpos vivos y no los
cadáveres?
Pensando de este modo, debo eliminar mi apego
al cuerpo de los demás.

[49] Puesto que tanto la saliva como la orina proceden
de los fluidos ingeridos,
¿por qué nos gusta la saliva de un beso,
pero no deseamos beber orina?

[50] Aunque el algodón es suave al tacto,
no sientes placer sexual con una almohada.
Además, no te das cuenta que el cuerpo despide
malos olores.
¡Oh, mente de deseo, ni siquiera reconoces lo que
está sucio!

[51] Al igual que en ocasiones nos enfadamos con otras
personas,
¿por qué no hacemos lo mismo con las almohadas?
Porque, aunque sean muy suaves al tacto,
¡no podemos copular con ellas!

[52] Es posible que pensemos que el objeto que nos
    atrae es puro,
    pero en realidad queremos copular con el cuerpo
    de los demás,
    que no es más que un armazón de huesos ligados
    a los músculos
    y adheridos con el mortero de la carne.

[53] Si ya tenemos suficientes impurezas propias
    de las que nos tenemos que ocupar,
    ¿por qué, obsesionados por la suciedad,
    deseamos otras bolsas llenas de basura?

[54] «*Es la carne lo que me da placer.*»
    Si esto es lo que deseas ver y tocar,
    ¿por qué lo rechazas en su estado natural,
    cuando carece de mente?

[55] Ninguna mente que desees
    la podrás ver ni tocar,
    y nada de lo que puedas ver o tocar es mente.
    Por lo tanto, ¿por qué involucrarte en copulaciones
    absurdas?

[56] Quizás no resulte tan extraño
    que no comprendas que el cuerpo de los demás es
    impuro,
    pero lo que sí que es sorprendente
    es que no reconozcas que el tuyo lo es.

[57] Si lo que en realidad te interesan son las formas
    atractivas,
    ¿por qué no prefieres tocar objetos
    como delicadas y hermosas flores,
    en lugar de desear los cuerpos de otras personas,
    que no son más que armazones de basura?

[58] Si no deseas tocar nada
que esté cubierto de impurezas como vómitos,
¿por qué deseas acariciar el cuerpo
de donde proceden estas impurezas?

[59] Si no tienes apego a la suciedad,
¿por qué abrazas el cuerpo de otra persona,
que procede de sangre y esperma impuros
dentro de un vientre sucio?

[60] Si no tienes ningún deseo por el cuerpo de un
    insecto,
por pequeño que sea, que salga de una boñiga,
¿por qué deseas un cuerpo burdo e impuro
producto de treinta y seis clases de impurezas?

[61] No solo no te desagradan
las impurezas de tu propio cuerpo,
sino que por apego a la suciedad
deseas otras bolsas llenas de basura.

[62] Incluso las más puras hierbas medicinales
o el arroz y las verduras cuidadosamente cocinados
contaminarán el suelo donde caigan
si los escupimos después de haberlos tenido en la
    boca.

[63] Si a pesar de que es evidente que el cuerpo es
    impuro
todavía tienes dudas, ve a un cementerio
y reflexiona sobre la impureza de los cadáveres
que están abandonados allí.

[64] Si ya has comprendido
que después de arrancarle la piel
el cuerpo provoca gran aversión,
¿cómo puedes volver a encontrar placer en él?

[65] La fragancia del cuerpo de una persona procede de
    otras causas,
como el sándalo con el que es ungido.
Por lo tanto, ¿por qué te atrae un cuerpo
por olores que no son suyos?

[66] Puesto que en su estado natural el cuerpo despide
    un olor repulsivo,
¿no sería mejor no tenerle apego?
¿Por qué aquellos que buscan los placeres absurdos
    de este mundo
ungen sus cuerpos con perfume?

[67] Si el olor procede de los perfumes, como el
    sándalo,
¿cómo puede proceder del cuerpo?
¿Por qué tener apego a los demás
por una fragancia que no es suya?

[68] Cuando se lo deja desnudo en su estado natural,
el cuerpo es horrible, con largas uñas y cabellos,
olores nauseabundos, dientes amarillentos
y un hedor que lo impregna todo.

[69] Esforzarnos tanto por embellecerlo
es como abrillantar una espada que se va a utilizar
    contra nosotros.
Parece como si todo el mundo estuviera contagiado
    por esta locura
debido a la creencia de que solo existe la belleza
    externa.

[70] Si después de contemplar los montones de huesos
    en los cementerios,
desviamos nuestra atención hacia otro lugar
y vemos ciudades que no son más que cementerios
    llenos de huesos andantes,
¿cómo podemos encontrar placer en ellas?

[71] Además, para poder disfrutar de los cuerpos de
    otras personas
es necesario adquirir posesiones.
Nos agotamos realizando actividades perjudiciales
    para conseguirlas,
solo para experimentar sufrimiento en esta vida y
    renacer en los reinos inferiores en la siguiente.

[72] Cuando somos jóvenes no disponemos de recursos
    para mantener a una pareja,
y después estamos tan ocupados que no tenemos
    tiempo para disfrutar de ella.
Cuando finalmente hemos reunido las condiciones
    necesarias,
somos demasiado viejos para entregarnos a ningún
    placer.

[73] Algunos, bajo la influencia del deseo, trabajan
    como esclavos.
Se agotan trabajando todo el día
y cuando regresan a sus hogares por la noche,
están tan cansados que se desploman como
    cadáveres.

[74] Otros tienen que experimentar los inconvenientes
    de los viajes
y sufrir por estar alejados de sus hogares.
Aunque deseen estar junto a su pareja,
no la ven durante años.

[75] Algunos, sin saber cómo obtener lo que desean,
se venden a otras personas,
y ni siquiera entonces lo consiguen,
puesto que se ven sometidos a las necesidades
    de los demás.

[76] Otros se venden como esclavos
y trabajan para los demás privados de libertad.
Viven en lugares desolados y aislados,
y sus hijos nacen bajo un árbol sin ningún otro
    cobijo.

[77] Engañadas por el deseo, las personas se vuelven
    necias.
Algunas piensan: «Necesito dinero para
    mantenerme»
y, aunque temen por sus vidas, se van a la guerra,
mientras que otras se esclavizan por obtener
    beneficios.

[78] Algunos, en sus intentos por satisfacer sus deseos,
sufren cortes en el cuerpo
o son apuñalados, empalados
o quemados vivos.

[79] Debemos comprender que el interés por las
    riquezas nos causa innumerables problemas
porque acumularlas, protegerlas y perderlas
    conlleva sufrimiento.
Aquellos que se dejen distraer por el apego a las
    riquezas
no tendrán la oportunidad de escapar de las
    miserias del samsara.

[80] Las personas que tienen apego a la vida mundana
experimentan multitud de problemas a cambio de
pequeñas recompensas.
Son como el caballo obligado a tirar de un carruaje
que apenas puede detenerse a comer un poco de
hierba.

[81] Aquellos que actúan movidos por deseos
incontrolados
desperdician sus dones y libertades tan difíciles
de obtener
a cambio de pequeñas recompensas ordinarias
que hasta los animales pueden obtener.

[82] Nuestros objetos de deseo se deteriorarán sin
lugar a dudas
y entonces caeremos en los reinos inferiores.
Si tenemos en cuenta las dificultades que hemos
soportado desde tiempo sin principio
para disfrutar de placeres mundanos sin sentido,

[83] podríamos haber alcanzado el estado de Buda
con mucho menos esfuerzo.
Las personas mundanas experimentan más
sufrimiento que aquellos que siguen el camino
hacia la iluminación,
pero como resultado no logran la Budeidad.

[84] Si consideramos los sufrimientos de los infiernos
y otros reinos,
comprobaremos que los que experimentan las
personas mundanas en esta vida,
como los causados por armas, venenos, enemigos
o lugares peligrosos,
no pueden compararse en gravedad.

[85] Por lo tanto, desilusionados de los placeres
     mundanos,
     debemos generar el deseo de permanecer en
     soledad.
     Los afortunados se pasean por lugares tranquilos
     y apacibles,
     lejos de cualquier conflicto y de los objetos de los
     engaños.

[86] Refrescados por la luz de la luna y el aroma de las
     flores,
     y abanicados por una brisa silenciosa y apacible,
     permanecen alegremente sin distracciones
     con la mente concentrada en beneficiar a los
     demás.

[87] Viven tanto tiempo como desean
     en mansiones abandonadas, al pie de los árboles
     o en cuevas aisladas.
     Tras abandonar el dolor de acumular posesiones
     y aferrarse a ellas,
     viven independientes y sin preocupaciones.

[88] Viven libres de apego
     y sin las ataduras de las relaciones.
     ¡Ni siquiera los seres humanos y dioses más
     poderosos
     tienen una vida tan satisfactoria y feliz como la
     suya!

[89] Por lo tanto, tras haber contemplado
     las buenas cualidades de la soledad,
     debo pacificar por completo todas las concepciones
     perturbadoras
     y meditar en la bodhichita.

[90] En primer lugar, debo practicar la meditación
de igualarme con los demás.
Puesto que todos somos iguales en que deseamos
    ser felices y evitar el sufrimiento,
debo estimar a todos los seres tanto como a mí
    mismo.

[91] Aunque el cuerpo tiene diferentes partes, como los
    brazos y las piernas,
las protegemos a todas por igual tanto como al
    cuerpo mismo.
De manera similar, aunque hay innumerables seres
    sintientes,
debo estimarlos a todos por igual tanto como a mí
    mismo.

[92] El sufrimiento que experimento
no perjudica a los demás,
pero me resulta difícil de soportar
porque me estimo a mí mismo.

[93] Del mismo modo, el sufrimiento de los demás
no me perjudica a mí,
pero si los estimara,
me resultaría difícil de soportar.

[94] Por lo tanto, debo eliminar el sufrimiento de los
    demás
por el mero hecho de ser sufrimiento, igual que el
    mío,
y he de hacerlos felices
por el mero hecho de que son seres sintientes,
    igual que yo.

[95] Si yo y los demás
somos iguales porque deseamos ser felices,
¿qué tengo de especial
si solo trabajo por mi propia felicidad?

[96] Y si yo y los demás
somos iguales porque deseamos evitar el
sufrimiento,
¿qué tengo de especial
si me protejo solo a mí mismo y no a los demás?

[97] Pero, ¿por qué tengo que proteger a los demás
si su sufrimiento no me perjudica?
Si estimamos a los demás, su sufrimiento nos
resultará insoportable.
Por lo tanto, sin lugar a dudas debemos
protegerlos.

[98] No es una concepción errónea pensar
que seré yo quien experimentaré sufrimiento en el
futuro
porque no será otra persona quien muera
ni otra la que renazca.

[99] *«Pero es evidente que el sufrimiento*
debe eliminarlo aquel que lo experimenta.»
Entonces, puesto que el sufrimiento del pie no es
el de la mano,
¿por qué tiene esta última que aliviarlo?

[100] Aliviamos el sufrimiento del pie con la mano
porque es el mejor método para liberarnos de este
dolor.
Del mismo modo, es incorrecto aferrarse a la
existencia independiente del yo y a la de los
demás,
y debemos abandonar por completo estas clases
de aferramiento.

[101] Los fenómenos que denominamos *continuos* o
conjuntos,
como un rosario o un ejército, son objetos
existentes falsos.
Puesto que no existe ningún poseedor
independiente del sufrimiento,
¿hay alguien que lo controle?

[102] Puesto que no existe un poseedor independiente
del sufrimiento,
no hay diferencia entre mi sufrimiento y el de los
demás.
Por lo tanto, debemos eliminar cualquier
sufrimiento por el mero hecho de ser doloroso.
¿Por qué nos aferramos a discriminaciones falsas
con tanta seguridad?

[103] *«¡No es necesario eliminar el sufrimiento de los demás!»*
Este argumento es incorrecto.
Si es importante eliminar mi sufrimiento, también
lo es eliminar el de los demás,
y si no es necesario eliminar el de los demás,
tampoco lo es eliminar el mío.

[104] *«Puesto que esta compasión me causará sufrimiento,*
¿por qué debo esforzarme por cultivarla?»
¿Cómo puede hacernos sufrir la compasión?
¡Esta mente es apacible por naturaleza!

[105] Si gracias al dolor relativamente leve de una
persona
puede eliminarse el sufrimiento infinito de los
seres sintientes,
el bondadoso Bodhisatva lo soportará con alegría
y se alegrará de trabajar por los demás.

[106] Por lo tanto, aunque el Bodhisatva
Supushpachandra sabía
que iba sufrir a manos del rey,
no intentó evitar su muerte,
sino que prefirió liberar a innumerables seres del
sufrimiento.

[107] Puesto que aquel cuya mente está acostumbrada
a igualarse con los demás
experimenta gran gozo al aliviar el sufrimiento
de los demás,
por su beneficio se arrojará voluntariamente al
más profundo de los infiernos,
como un ganso salvaje que se zambulle en un
refrescante lago lleno de flores de loto.

[108] El océano de gozo que experimentarán
todos los seres sintientes cuando sean liberados
es todo lo que anhelo.
Por lo tanto, ¿por qué voy a desear solo mi
liberación personal?

[109]   Sin embargo, aunque trabaje por el beneficio de los
          demás,
        debo hacerlo sin orgullo ni pretensiones.
        Motivado solo por la satisfacción de beneficiarlos,
        no he de esperar ninguna otra recompensa.

[110]   Y al igual que me protejo a mí mismo
        de cualquier circunstancia desagradable,
            por pequeña que sea,
        también debo tratar a los demás
        de manera compasiva y afectuosa.

[111]   Aunque aquí no hay ningún yo,
        debido a mi familiaridad
        me aferro a un yo dentro de mi cuerpo,
        producto de una gota de sangre y esperma de otras
            personas.

[112]   Del mismo modo, ¿por qué no puedo
        identificar mi yo con el cuerpo de los demás?
        Y tampoco debería resultarme difícil
        identificar a los demás con mi cuerpo.

[113]   Tras considerar las desventajas de estimarme a mí
          mismo
        y las innumerables buenas cualidades de estimar
            a los demás,
        debo eliminar la estimación propia por completo
        y habituarme a estimar a los demás.

[114]   Al igual que considero mis manos y demás
        como partes de mi cuerpo,
        también debo considerar a todos los seres
        como partes de una misma unidad viva.

[115] Debido a mi familiaridad genero una mente
que se aferra a un yo designado sobre este cuerpo
que no existe por sí mismo.
Por lo tanto, ¿por qué, si me acostumbro a estimar
a los demás,
no voy a poder generar una mente que se aferra a
un yo designado sobre el cuerpo de los demás?

[116] Aunque trabaje por los demás de este modo,
no debo hacerlo con orgullo ni pretensiones,
y al igual que cuando me alimento,
no voy a esperar nada a cambio.

[117] Por lo tanto, al igual que me protejo a mí mismo
de cualquier circunstancia desagradable,
por pequeña que sea,
también debo acostumbrarme
a tener una mente compasiva y afectuosa hacia
los demás.

[118] Debido a su gran compasión,
Arya Avalokiteshvara bendijo su propio nombre
para liberar a los seres sintientes de los temores
de la estimación propia.
Por lo tanto, debo recitar el mantra de su nombre
para recibir sus bendiciones.

[119] No dejéis de aprender a estimar a los demás
porque sea difícil.
Por ejemplo, es posible que la pareja de una
persona haya sido antes su enemigo y que con
solo oír su nombre se pusiera a temblar,
pero ahora, debido a la familiaridad, la aprecie
y la eche de menos cuando no está a su lado.

[120] Por lo tanto, quien desee protegerse sin dilación
tanto a sí mismo como a los demás,
debe practicar el sagrado secreto
de cambiarse uno mismo por los demás.

[121] Debido al apego que tenemos a nuestro cuerpo,
hasta el más pequeño de los peligros nos asusta.
Por lo tanto, ¿quién no consideraría su enemigo
estimar este cuerpo, que es la causa de todos los
temores?

[122] Debido a nuestro deseo de evitar
el hambre, la sed y las enfermedades,
matamos pájaros, peces y otros animales,
e incluso atacamos a otras personas.

[123] En ocasiones, por dinero o posesiones,
puede incluso que matemos a nuestros padres
o robemos propiedades de la comunidad espiritual
y, como resultado, acabemos ardiendo en las llamas
del infierno.

[124] ¿Qué persona con sabiduría se estimaría a sí misma
o se aferraría a su cuerpo?
Debemos considerar la mente de estimación propia
como un enemigo
y rechazarla en consecuencia.

[125] «Si ofrezco mis posesiones a los demás, ¿de qué
podré disfrutar?»
Esta estimación propia es la mente de un espíritu
ávido.
«Si utilizo mis posesiones, ¿qué podré ofrecer a los
demás?»
Esta mente que estima a los demás es la que
poseen los seres iluminados.

[126] Si perjudicamos a los demás para beneficiarnos a
    nosotros mismos,
sufriremos los tormentos de los reinos inferiores,
pero si somos perjudicados por el beneficio de los
    demás,
disfrutaremos de la felicidad de los renacimientos
    superiores.

[127] Si nos consideramos importantes, renaceremos en
    los reinos inferiores,
y después, cuando lo hagamos como un ser
    humano, seremos estúpidos y perteneceremos
    a una clase social inferior.
Sin embargo, si estimamos a los demás,
    renaceremos en los reinos afortunados,
seremos respetados y disfrutaremos de buena
    compañía y un entorno agradable.

[128] Si utilizamos a los demás para satisfacer nuestros
    deseos egoístas,
seremos sometidos a servidumbre,
pero si nos esforzamos por beneficiar a los demás,
disfrutaremos de una posición social elevada y un
    físico atractivo.

[129] Toda la felicidad de este mundo
surge del deseo de ayudar a los demás a ser
    felices,
mientras que todo el sufrimiento
surge de desear nuestra propia felicidad.

[130] ¿Qué necesidad hay de muchas explicaciones?
La persona inmadura trabaja por su propio
     beneficio,
mientras que los Budas trabajan solo por el
     beneficio de los demás.
¡Observa la diferencia entre ambos!

[131] Si no cambiamos nuestra felicidad
por el sufrimiento de los demás,
no alcanzaremos el estado de Buda,
y ni siquiera disfrutaremos de la felicidad del
     samsara.

[132] Sin tener en cuenta lo que ocurra en vidas futuras,
si los trabajadores no ofrecen un servicio adecuado
o los empresarios no pagan un salario justo,
ni siquiera se cumplirán nuestros deseos de esta
     misma vida.

[133] Si no estimamos a los demás, desperdiciaremos
     las excelentes cualidades de esta existencia
     humana,
que nos permite disfrutar de felicidad ahora y en
     el futuro,
pero si además los perjudicamos,
debido a nuestra ignorancia nos causaremos
     insoportables sufrimientos a nosotros mismos.

[134] Si todos los tormentos de este mundo,
los temores y el dolor físico
son el resultado de estimarnos a nosotros mismos,
¿de qué nos sirve este horrible espíritu?

[135] Al igual que sin extinguir el fuego
no podemos evitar quemarnos,
sin eliminar la estimación propia
no podemos liberarnos del sufrimiento.

[136] Por lo tanto, para eliminar mi sufrimiento
y el de los demás,
me pondré al servicio de estos últimos
y los consideraré tan importantes como yo mismo.

[137] Me voy a dedicar por completo a la felicidad de
los demás.
A partir de ahora, mente, debes comprenderlo con
claridad
y olvidar todo aquello que no sea
beneficiar a los demás.

[138] Debido a que mis ojos, etcétera, están al servicio
de los demás,
no los utilizaré por mi propio beneficio
ni de cualquier otro modo
que impida el bienestar de los demás.

[139] Me preocuparé principalmente por los demás
y utilizaré cualquier objeto
que considere mío
para beneficiarlos.

[140] Debo ponerme en el lugar de aquellos que son
inferiores, iguales o superiores a mí
y considerar que mi antiguo «yo» es «el otro»,
y con una mente libre del obstáculo de las dudas,
meditar en los celos, la competitividad y la
arrogancia.

[141] «A él se le respeta, pero a mí no.
Él posee más riquezas que yo.
Él recibe alabanzas, pero a mí se me desprecia.
Él es feliz, mientras que yo soy desgraciado.

[142] »Yo tengo mucho trabajo por hacer,
mientras que él puede descansar cómodamente.
Su reputación se ha extendido por todo el mundo,
mientras que a mí solo se me conoce por mi falta
de buenas cualidades.

[143] »Sin embargo, ¿por qué digo que no tengo buenas
cualidades?
En realidad, sí que las tengo.
Además, él es inferior a algunas personas
y yo soy superior a otras.

[144] »Mi moralidad, creencias y demás degeneran
a causa de mis perturbaciones mentales, no porque
yo lo desee.
Tú, Bodhisatva, deberías ayudarme todo lo posible
a renovarlas
y aceptar voluntariamente cualquier dificultad que
se te presente.

[145] »Sin embargo, puesto que no se esfuerza por
ayudarnos,
¿por qué nos hace sentir insignificantes?
¿De qué nos sirven sus supuestas buenas
cualidades?
¡Nunca las utiliza para beneficiarnos!

[146] »No solo no tiene compasión
por seres como nosotros, que vivimos atrapados
en los reinos inferiores.
Además, se muestra orgulloso de sus buenas
cualidades
y prefiere competir con los sabios.

[147] «A este Bodhisatva se lo considera mi igual,
pero para ponerme por encima de él
voy a acumular riquezas y reputación
y a vencerlo en debate.

[148] »Proclamaré mis buenas cualidades al mundo
entero
por todos los medios a mi alcance,
pero me aseguraré de que nadie conozca
ninguna de las suyas.

[149] »Ocultaré mis defectos y proclamaré los suyos.
Seré respetado por los demás y me aseguraré de
que él no lo sea.
Adquiriré grandes riquezas
y animaré a los demás a que me veneren a mí
y no a él.

[150] »Durante mucho tiempo me divertiré
viendo cómo lo humillan.
Lo convertiré en el hazmerreír de todos
y en objeto de ridículo y culpa.

[151] »Este pobre insensato
intenta competir conmigo,
pero ¿cómo puede comparar sus conocimientos,
sabiduría,
aspecto físico, posición social y riqueza con los
míos?

[152] »Que cuando los demás escuchen mis buenas
cualidades,
proclamadas por todo el mundo,
se alegren tanto de ellas
que se les pongan los pelos de punta.

[153] »Y con respecto a sus posesiones,
puesto que se supone que está a nuestro servicio,
le dejaremos justo lo necesario
y nos quedaremos con el resto.

[154] »Por lo tanto, que su felicidad disminuya
mientras seguimos agobiándolo con nuestros
problemas.»
En incontables renacimientos en el samsara
esta mente de estimación propia me ha
perjudicado.

[155] ¡Oh, mente!, debido a que solo buscas tu propio
beneficio,
después del duro trabajo que has realizado
durante incontables eones en el samsara
solo has experimentado sufrimiento.

[156] Por lo tanto, sin lugar a dudas
voy a trabajar por el beneficio de los demás,
y puesto que las enseñanzas de Buda son ciertas,
obtendré excelentes resultados en el futuro.

[157] Si en el pasado me hubiera adiestrado
en cambiarme por los demás,
ahora no me encontraría en esta situación,
desprovisto del gozo y la felicidad excelsa de la
Budeidad.

[158] Al igual que estoy acostumbrado a pensar «yo»,
 «yo»
 cuando veo mi cuerpo, producto de la sangre y el
 esperma de otras personas,
 también debo acostumbrarme a pensar «yo», «yo»
 cuando veo el cuerpo de los demás.

[159] Tras examinarme con detenimiento
 para asegurarme de que estoy trabajando por los
 demás,
 voy a utilizar todas mis posesiones
 para beneficiarlos.

[160] Yo soy feliz, pero los demás son desgraciados;
 yo disfruto de una posición social elevada, pero
 ellos no;
 yo me beneficio a mí mismo, pero no a los demás.
 ¿Por qué no tengo celos de mí mismo?

[161] Debo ofrecer mi felicidad a los demás
 y tomar su sufrimiento.
 He de analizar en todo momento mi conducta para
 reconocer mis defectos
 y preguntarme: «¿Por qué actúo de esta manera?».

[162] Si los demás hacen algo incorrecto,
 consideraré que es culpa mía,
 pero si les causo el menor daño,
 lo reconoceré abiertamente en público.

[163] Debo difundir la fama de los demás
 para que sea mejor que la mía,
 y considerándome un humilde siervo,
 ponerme al servicio de los demás.

[164] Puesto que estoy lleno de defectos, no debo
    alabarme a mí mismo
si me doy cuenta de que tengo alguna pequeña
    cualidad.
No dejaré que nadie conozca
las buenas cualidades que pueda poseer.

[165] En resumen, que el daño que he causado a los
    demás
por mi beneficio
vuelva y caiga sobre mí
por su beneficio.

[166] No debo ser dominante
ni actuar con aires de superioridad.
Por el contrario, he de comportarme como una
    recién casada
vergonzosa, tímida y moderada.

[167] De este modo, mente egoísta, debes evitar las
    acciones perjudiciales.
Si no guardas esta disciplina
te mantendré bajo control
con el poder de mi retentiva y vigilancia mental.

[168] Si a pesar de todo decides no seguir
los consejos que se te han dado,
puesto que eres la causa de mis desgracias,
te aniquilaré por completo.

[169] Los tiempos en que conseguías controlarme
pertenecen ya al pasado.
Ahora que comprendo que eres la causa de todos
    mis problemas,
te eliminaré en cuanto aparezcas.

[170] Voy a abandonar por completo
cualquier intención de trabajar por mi propio
beneficio.
Oh, mente de autoestima, puesto que te he vendido
a los demás,
¡deja de quejarte y empieza a ayudarlos!

[171] Si por falta de recta conducta
no te hubiera dado a los demás,
sin lugar a dudas me habrías entregado
a los guardianes de los infiernos.

[172] Esto es lo que has hecho tantas veces en el pasado,
y como resultado he sufrido durante mucho tiempo,
pero ahora que he reunido todo mi rencor contra ti
estoy decidido a destruirte, mente egoísta.

[173] Por lo tanto, si deseo felicidad,
no debo aceptar la mente de estimación propia,
y si deseo protección,
he de proteger siempre a los demás.

[174] Cuanto más busque
complacer los deseos del cuerpo,
más insatisfacción
tendré que experimentar.

[175] Los deseos de la mente de estimación propia
no pueden ser complacidos
ni con todas las riquezas del mundo.
Por lo tanto, ¿cómo vamos a poder satisfacerlos?

[176] Cuando no se cumplen nuestros deseos
generamos engaños y una mente insatisfecha,
pero quien se libere de estas distracciones
no conocerá la insatisfacción.

[177] Por lo tanto, nunca permitiré
que los deseos de mi cuerpo aumenten.
La persona que no tiene apego a los objetos
   atractivos
encontrará satisfacción, la mejor posesión.

[178] Mi cuerpo es una forma impura y aterradora
que no puede ni moverse sin depender de la mente
y que finalmente se desintegrará por completo.
Entonces, ¿por qué me aferro a él como si fuera el
   yo?

[179] Sin importar que esté vivo o muerto,
¿de qué me sirve aferrarme a esta máquina?
Puesto que es lo mismo que aferrarme a un
   puñado de tierra,
¿por qué no abandono el orgullo cuando me aferro
   a «mi cuerpo»?

[180] Como resultado de satisfacer los deseos de mi
   cuerpo
he experimentado inmenso sufrimiento sin
   necesidad.
¿Qué sentido tiene generar odio o apego
por algo que es como un trozo de madera?

[181] Tanto si lo cuido del modo en que lo hago
como si permito que lo perjudiquen los demás,
el cuerpo no genera ni apego ni odio.
Por lo tanto, ¿por qué le tengo tanto apego?

[182] Puesto que el cuerpo no conoce
el odio cuando lo insultan
ni el apego cuando lo alaban,
¿por qué nos creamos tanto problemas por su
   culpa?

[183] «*Pero deseo estimar mi cuerpo*
porque es muy beneficioso para mí.»
Entonces, ¿por qué no estimar a todos los seres
    sintientes,
que también son muy beneficiosos para nosotros?

[184] Por lo tanto, sin ningún apego,
entregaré mi cuerpo por el beneficio de los demás,
pero aunque tenga numerosos defectos,
lo cuidaré mientras trabaje por ellos.

[185] Abandonaré toda conducta inmadura
y seguiré los pasos de los sabios Bodhisatvas.
Recordaré las instrucciones de la recta conducta,
dejaré de dormir demasiado y abandonaré la
    somnolencia y demás obstáculos.

[186] Al igual que los compasivos Hijos e Hijas del
    Buda Vencedor,
trabajaré con paciencia para hacer todo lo
    necesario.
Si no me esfuerzo sin cesar día y noche,
¿cuándo dejaré de sufrir?

[187] Por lo tanto, para eliminar las dos obstrucciones,
evitaré que mi mente se distraiga
y la mantendré en todo momento en concentración
    convergente
en el objeto perfecto de meditación, la visión
    correcta de la vacuidad.

Aquí concluye el capítulo octavo de la *Guía de las obras del Bodhisatva*, titulado «Adiestramiento en la concentración».

La perfección de la sabiduría

Buda enseñó todas las prácticas del método
  descritas con anterioridad
para que podamos completar el adiestramiento
  en la sabiduría que realiza la vacuidad.
Por lo tanto, aquellos que deseen liberarse a sí
  mismos y a los demás del sufrimiento
deben esforzarse por cultivar esta sabiduría.

CAPÍTULO 9

La perfección de la sabiduría

[1] Buda enseñó todas las prácticas del método
   descritas con anterioridad
   para que podamos completar el adiestramiento
   en la sabiduría que realiza la vacuidad.
   Por lo tanto, aquellos que deseen liberarse a sí
   mismos y a los demás del sufrimiento
   deben esforzarse por cultivar esta sabiduría.

[2] Hay dos verdades: convencionales y últimas.
   La verdad última, la vacuidad, es un fenómeno
   negativo no afirmante
   que no puede ser realizado de manera directa por
   una mente con apariencias duales
   porque esta es una mente convencional y, por lo
   tanto, una percepción errónea.

[3] Hay dos clases de personas que presentan las dos
   verdades:
los yoguis madhyamika-pransaguikas y los
   proponentes de los objetos funcionales.
Los primeros refutan por medio de razonamientos
   lógicos las creencias de los segundos,
que afirman que los objetos funcionales tienen
   existencia verdadera.

[4] Además, entre los yoguis prasanguikas existen
   varios niveles de comprensión,
y los que poseen un entendimiento más profundo
   están por encima de aquellos cuyas realizaciones
   son inferiores.
Todos establecen sus creencias por medio de
   razonamientos analíticos,
aunque para alcanzar la Budeidad resultante
   practican la generosidad y demás virtudes sin
   analizarlas.

[5] Cuando vosotros, proponentes de los objetos
   funcionales, percibís estos objetos,
no reconocéis su carácter ilusorio,
sino que afirmáis que tienen existencia inherente.
Nosotros, los madhyamika-prasanguikas,
   no estamos de acuerdo con esto.

[6] Las formas que percibimos de manera directa son
   meras apariencias en la mente.
Son falsas porque la manera en que aparecen
no se corresponde con el modo en que existen,
al igual que normalmente se considera que el
   cuerpo humano es limpio cuando en realidad
   no lo es.

[7]   Para conducir a los seres de manera gradual a la
      realización de la vacuidad,
      la carencia de existencia inherente de los objetos
      funcionales,
      Buda enseñó que estos últimos son impermanentes.
      «Entonces, es incorrecto afirmar que los objetos
      funcionales existen incluso de manera convencional.»

[8]   No, no es incorrecto porque los objetos funcionales
      son percibidos por conocedores válidos
      convencionales.
      Desde el punto de vista de las personas mundanas,
      al percibir objetos funcionales se percibe la
      realidad,
      pero estas personas nunca perciben la realidad
      propiamente dicha
      porque la verdadera naturaleza de los objetos
      funcionales es su vacuidad.

[9]   Al igual que tú acumulas méritos, que consideras
      que existen de manera verdadera, al hacer
      ofrendas a Buda, que también consideras que
      existe de este modo,
      nosotros también acumulamos méritos, que
      consideramos como una ilusión, al hacer
      ofrendas a Buda, a quien asimismo reconocemos
      como una ilusión.
      «Si, como decís, los seres sintientes carecen de existencia
      verdadera y son como una ilusión,
      ¿cómo pueden renacer después de morir?»

[10] Cuando se reúnen las condiciones necesarias,
      incluso una ilusión puede aparecer.
      ¿Por qué, debido a su mayor duración,
      los seres sintientes van a ser más verdaderos?

[11] Al matar a un ser ilusorio no se crea el verdadero
    karma de matar
porque no tiene mente,
pero al beneficiar o perjudicar a una persona, que
    es como una ilusión y posee una mente que
    también es como una ilusión,
acumulamos méritos o karma negativo,
    respectivamente.

[12] Puesto que los mantras y las demás causas de una
    ilusión no pueden producir una mente,
las ilusiones carecen de ella.
Diferentes causas
producen distintas clases de ilusiones.

[13] No existe ninguna causa
que pueda producir distintos resultados.
*«Si, como decís, el nirvana no tiene existencia
    verdadera,*
pero el samsara existe de manera convencional,

[14] *Buda debería estar en el samsara porque el nirvana no
    existiría,*
*en cuyo caso, ¿qué sentido tendría adoptar el modo de
    vida del Bodhisatva?»*
Ni siquiera una ilusión cesa si no se corta el
    continuo de sus causas,
pero cuando se corta el de la causa del samsara,
    los engaños,

[15] este no vuelve a aparecer ni siquiera de manera
   convencional.
   Puesto que los Budas han hecho precisamente esto,
   han alcanzado el nirvana.
   *«Las formas, que son como ilusiones, que vosotros
   defendéis, no existen*
   *porque afirmáis que la percepción, que es como una
   ilusión, carece de existencia verdadera.»*

[16] Puesto que para vosotros, los chitamatrins, estas
   formas, que son como ilusiones, no existen,
   ¿de qué modo existen las formas?
   *«Aunque las formas no existen como objetos externos,
   lo hacen de otro modo*
   *—son aspectos de la naturaleza de la mente en la que
   aparecen—.»*

[17] Vosotros, chitamatrins, afirmáis que la mente
   misma aparece bajo el aspecto de forma.
   Entonces, ¿cómo surge la mente?
   Buda, el Protector del Mundo, ha dicho
   que la mente no puede percibirse a sí misma.

[18] Por ejemplo, al igual que una espada no puede
   cortarse a sí misma,
   la mente tampoco puede percibirse a sí misma.
   *«Es justo lo contrario. Al igual que una lámpara puede
   iluminarse tanto a sí misma como a los objetos que la
   rodean,*
   *la mente también puede percibirse tanto a sí misma
   como a otros fenómenos.»*

[19] Si una lámpara se iluminara a sí misma,
    la oscuridad también se oscurecería a sí misma,
de lo cual se deduce que nadie podría ver la
    oscuridad porque es oscura.
«Cuando un cristal transparente se vuelve de color
    azul, lo hace dependiendo de otros objetos,
pero el lapislázuli es azul por naturaleza y no depende
    de ningún otro objeto para tener este color.»

[20] *«Del mismo modo, algunas percepciones están*
    relacionadas con objetos distintos de ellas,
mientras que otras, como los autoconocedores,
    no lo están.»
El azul del lapislázuli no existe sin depender de
    otros fenómenos,
¡no crea su propia naturaleza!

[21] *«Aunque una lámpara no se ilumine a sí misma,*
    su naturaleza es iluminación.»
Entonces, deberías afirmar que la mente no se
    conoce a sí misma,
sino que su naturaleza es iluminación consciente.
Sin embargo, no puedes afirmar que sea conocida
    por una mente sustancialmente distinta de ella.

[22] Según vosotros, si no hay una percepción con
    existencia verdadera que conozca la mente,
esta no existe;
en cuyo caso tendría tanto sentido debatir acerca
    de si la mente se ilumina a sí misma o no
como hacerlo acerca del aspecto físico de la hija
    de una mujer estéril.

[23] *«Si los autoconocedores no existen,*
¿cómo recordamos la consciencia subjetiva?»
Cuando recordamos el objeto que hemos
    experimentado,
nos viene a la memoria la consciencia relacionada
    con él,
al igual que nos acordamos de que hemos sido
    envenenados por la mordedura de un animal
    al sentir el dolor que nos produce después.

[24] *«Si las personas que han alcanzado estados como la*
    permanencia apacible pueden conocer la mente de
    otras que están lejos,
sin lugar a dudas podrán conocer también la suya
    propia, que la tienen mucho más cerca.»
Las personas que se ponen una loción mágica
    en los ojos pueden ver tesoros enterrados bajo
    tierra,
pero no ven la propia loción.

[25] No tenemos la intención de refutar la existencia
de la conciencia visual, auditiva o cualquier otra.
Lo que debemos abandonar es la percepción que se
    aferra a las formas y demás fenómenos con
    existencia verdadera,
la causa principal del sufrimiento.

[26] *«Las formas, que son como una ilusión, no son distintas*
    de la mente,
pero tampoco podemos considerar que sean lo mismo
    que ella.»
Si son verdaderas, ¿por qué decís que no son
    distintas de la mente?
Y si no son distintas de la mente, ¿por qué afirmáis
    que son verdaderas?

[27] Así como las formas, que son como una ilusión,
    carecen de existencia verdadera,
lo mismo ocurre con la mente que las aprehende.
«El samsara, como cualquier otro objeto designado,
    debe tener algo sustancial como base
o, de lo contrario, sería completamente vacío como el
    espacio.»

[28] Si los fenómenos designados, como el samsara,
    tuvieran una base con existencia verdadera,
¿cómo sería posible quedar atrapado en el samsara
    o escapar de él?
Según vosotros, la mente no puede ser un
    aprehensor relacionado con lo que aprehende,
sino una percepción de sí misma aislada.

[29] Si la mente existiera de manera inherente o
    independiente,
estaría libre de toda falta
y, por lo tanto, todos los seres sintientes estarían
    ya iluminados.
Entonces, ¿qué sentido tendría enseñar que la
    naturaleza de todos los fenómenos es mente?

[30] *«¿Cómo es posible que al comprender que todos los*
    fenómenos son como ilusiones
podamos eliminar las perturbaciones mentales?
Después de todo, un mago que crea la ilusión de una
    mujer
todavía puede tener apego a esa mujer ilusoria.»

[31] Esto se debe a que el mago no ha abandonado
la tendencia perturbadora a aferrarse a la existencia
verdadera.
Por lo tanto, cuando contempla a la mujer ilusoria,
su tendencia a percibir su vacuidad es muy débil.

[32] Si nos familiarizamos con la visión de la vacuidad,
finalmente abandonaremos el aferramiento a la
existencia verdadera.
En particular, si meditamos en la vacuidad de la
vacuidad,
abandonaremos el aferramiento a la existencia
verdadera de la vacuidad misma.

[33] Cuando se dice que «ningún fenómeno existe»
significa que los objetos con existencia verdadera
no existen.
Por lo tanto, ¿cómo puede seguir existiendo la
mente que se aferra a la existencia verdadera
de la vacuidad
si la base de esta concepción errónea,
el aferramiento a la existencia verdadera,
ha sido eliminada?

[34] Finalmente, cuando la existencia verdadera de los
objetos funcionales y la de la vacuidad
dejen de aparecer en la mente,
puesto que no hay ninguna otra apariencia de
existencia verdadera,
la mente permanecerá en el apacible estado
resultante donde todas las concepciones han
cesado.

[35] Al igual que los árboles y gemas que colman
 todos los deseos, aunque carezcan de mente
 conceptual,
satisfacen a los hombres y los dioses,
los Budas manifiestan formas físicas en este
 mundo
gracias a sus propias oraciones y a los méritos
 acumulados por los seres afortunados.

[36] Por ejemplo, aunque el brahmán que consagró
las sustancias del relicario que se conoce como
 Garuda
falleció hace mucho tiempo,
el relicario sigue sirviendo de antídoto contra
 venenos y otros males.

[37] Del mismo modo, el Bodhisatva, al adiestrarse
 en el camino,
crea el «relicario» de Buda con sus acumulaciones
 de méritos y sabiduría,
y aunque finalmente pase más allá del dolor,
continúa beneficiando a todos los seres sintientes
 de manera temporal y última.

[38] *«Pero si Buda no tiene mente conceptual,*
 ¿cómo podemos acumular méritos haciéndole ofrendas?»
Se dice en las escrituras que los resultados son los
 mismos
tanto si el Buda a quien hacemos ofrendas está
 vivo como si ha fallecido.

[39] Además, las escrituras también dicen que los
       resultados que obtengamos dependen del grado
       de nuestra fe
sin importar que pensemos que Buda existe de
       manera convencional o que posee existencia
       última cuando le hacemos ofrendas.
Al igual que tú acumulas méritos al hacer ofrendas
       a un Buda que consideras que posee existencia
       verdadera,
nosotros también creamos méritos al hacer ofrendas
       a un Buda que es como una ilusión.

[40] *«Puesto que podemos alcanzar la liberación adquiriendo
       una realización directa de las cuatro nobles verdades,*
*¿qué sentido tiene esforzarnos por comprender la
       vacuidad, la carencia de existencia verdadera?»*
Esta comprensión es imprescindible porque en las
       escrituras se enseña que sin el camino de la
       sabiduría que realiza la vacuidad
ni siquiera es posible alcanzar la iluminación
       menor de la liberación personal.

[41-44] *«Puesto que no creemos en el mahayana, no tiene sentido
       que cites sus escrituras.»*
Los dos creemos que las escrituras *hinayanas* son
       válidas.
Por lo tanto, si aplicas al mahayana los mismos
       razonamientos que utilizas para creer en el
       hinayana,
comprenderás que ambas forman parte del Dharma
       sagrado que Buda enseñó.

Debido a que no comprenden su profundidad,
las escuelas vaibhasikas rechazan el mahayana,
y debido a que no creen en el nirvana,
algunas escuelas no budistas rechazan el hinayana.

El propósito de Buda al enseñar ambos [vehículos],
    el hinayana y el mahayana,
es conducir a los seres sintientes a la liberación
    permanente del ciclo del sufrimiento.
Con este objetivo, tanto los practicantes hinayanas
    como los mahayanas
hacen hincapié en los tres adiestramientos
    superiores de la disciplina moral, la concentración
    y la sabiduría.

[45] Buda impartió sus enseñanzas como medicina para
    curar la enfermedad de las perturbaciones
    mentales, la causa de todo el sufrimiento.
Algunas de sus enseñanzas son sencillas, pero otras
    son muy profundas.
Aunque no comprendas sus enseñanzas más
    profundas y elevadas,
no debes llegar a la conclusión de que no fueron
    impartidas por Buda.

[46] El gran maestro Kashyapa recopiló numerosos
    discursos de Buda,
principalmente los *Sutras de la perfección de la
    sabiduría*, sus enseñanzas mahayanas.
Sin embargo, las escuelas vaibhashikas no
    comprenden el profundo significado de estos
    Sutras
y, por lo tanto, llegan a la conclusión de que no son
    enseñanzas de Buda.

[47] Se dice que los principales sostenedores del
	Budadharma son aquellos que han alcanzado
	el nirvana, los *Arjats*;
	pero los Arjats en que vosotros, los proponentes
	de los objetos funcionales, creéis
	no pueden ser verdaderos Arjats porque según
	vuestra creencia
	sus mentes todavía se aferran a la existencia
	verdadera de los objetos.

[48] *«Debido a que abandonaron sus perturbaciones mentales,*
	alcanzaron el nirvana o liberación y se convirtieron en
	Arjats.»
	Parece que piensas que con solo abandonar las
	perturbaciones mentales manifiestas es posible
	convertirse en un Arjat,
	pero es evidente que aunque abandonemos estas
	perturbaciones mentales de manera temporal,
	seguiremos teniendo el potencial kármico de
	renacer en el samsara.

[49] *«El abandono que alcanzan los Arjats no es temporal.*
	Nunca más volverán a renacer en el samsara
	porque carecen de ansia, la causa principal
	de este renacimiento.»
	Pero si afirmas que tienen ignorancia no
	perturbada,
	¿por qué no tienen también ansia no perturbada?

[50] Estos supuestos Arjats tienen sensaciones
	agradables
	y las aprehenden como si tuvieran existencia
	verdadera.
	Puesto que a partir de la sensación surge el ansia,
	deben estar sometidos a ella.

[51] Aunque la persona que no ha realizado la
vacuidad, la ausencia de existencia verdadera
de los objetos funcionales,
puede abandonar temporalmente las perturbaciones
mentales manifiestas, finalmente estas se
volverán a manifestar,
al igual que vuelven a surgir las sensaciones y los
discernimientos cuando la concentración en la
absorción sin discernimiento cesa.
Por lo tanto, debes esforzarte por comprender la
vacuidad para alcanzar la liberación personal.

[52] El resultado de la meditación del Bodhisatva en la
vacuidad
es la capacidad de permanecer en las moradas del
samsara
debido a su compasión por los que están
confundidos,
y libre de los extremos del apego y el miedo.

[53] Puesto que la realización de la vacuidad es el
antídoto que disipa la oscuridad
de las obstrucciones de las perturbaciones mentales
y las obstrucciones al conocimiento,
¿por qué aquellos que desean alcanzar la
iluminación
no se ponen de inmediato a meditar en la
vacuidad?

[54] Por lo tanto, no es apropiado difamar
a los que sostienen la visión de la vacuidad.
Por el contrario, debes meditar sin vacilaciones
en la vacuidad, la carencia de existencia
verdadera.

[55] Por supuesto que debes tener miedo
a la causa principal del sufrimiento en el samsara.
Sin embargo, puesto que la meditación en la
 vacuidad elimina este sufrimiento,
¿por qué tienes miedo también a la vacuidad?

[56] Si hubiera un yo con existencia inherente,
tendría sentido tener miedo,
pero como este yo no existe,
¿quién es el que tiene miedo?

[57] Los dientes, el cabello o las uñas no son el yo
ni tampoco los huesos ni la sangre.
Las mucosidades y flemas no son el yo
ni tampoco la linfa ni la pus.

[58] La grasa y el sudor del cuerpo no son el yo
ni tampoco los pulmones ni el hígado.
Ninguno de los demás órganos internos son el yo
ni tampoco el excremento ni la orina.

[59] La carne y la piel no son el yo
ni tampoco el calor del cuerpo ni los aires
 internos.
Las cavidades del cuerpo no son el yo
ni tampoco ninguna de las seis consciencias.

[60] Si, como la escuela samkhya afirma, el yo es una
 consciencia permanente,
la consciencia que disfruta el sonido también
 debería serlo.
Sin embargo, ¿cómo podrá seguir disfrutando del
 sonido
cuando el objeto, el sonido, deje de estar presente?

[61] Si pudiera haber una consciencia subjetiva aunque
su objeto no existiera,
se deduciría que incluso un trozo de madera
podría ser una consciencia subjetiva.
Nada puede establecerse como consciencia
sin un objeto del que ser consciente.

[62] *«Cuando no hay ningún sonido, la consciencia disfruta*
de otros objetos, como las formas visuales.»
Pero si es permanente, ¿por qué no continúa
aprehendiendo el sonido?
«Porque en ese momento no hay sonido en los
alrededores.»
Si no hay objeto, el sonido, ¡no puede haber
aprehensor subjetivo del sonido!

[63] Además, ¿cómo es posible que la percepción cuya
naturaleza es aprehender sonido
sea también una percepción cuya naturaleza es
aprehender formas visuales?
«Es igual que la persona que además de ser padre
también es hijo.»
Pero esto son meras designaciones, una persona
no puede ser ambos por naturaleza.

[64] La analogía del padre y el hijo no os sirve,
samkhyas.
Según vosotros, el creador independiente de todo
manifiesta todas las formas.
Por lo tanto, el padre y el hijo deben tener la
misma naturaleza, al igual que deben tenerla el
aprehensor de sonidos y el de formas visuales,
pero esto nunca ha sido percibido por una mente
válida.

[65] *«Es como un actor que cambia de papel y adquiere diferentes aspectos.»*

Si el yo cambiara de este modo, ¡no sería permanente!

«Aunque los aspectos cambian, su naturaleza sigue siendo una y la misma.»

Sin embargo, no puedes establecer una naturaleza invariable del yo porque rechazas su naturaleza última, la ausencia de un yo con existencia verdadera.

[66] *«Los diferentes aspectos no son verdaderos, solo su naturaleza lo es.»*

Si los aspectos no son verdaderos, ¿cómo podéis decir que su naturaleza es verdadera?

«Su naturaleza es verdadera y la misma porque ambos son meros aprehensores conscientes.»

En ese caso, todos los seres sintientes serían uno y el mismo porque también son aprehensores conscientes.

[67] Además, se deduciría que tanto los fenómenos animados como los inanimados deberían ser uno y el mismo,

puesto que todos son creaciones del principio general, el creador independiente de todo.

Si todos los aspectos particulares son falsos, ¿cómo es posible que su base, su naturaleza, sea verdadera?

[68] El yo material que defienden los materialistas
   tampoco puede ser el yo
porque no tiene mente, al igual que una jarra
   tampoco la tiene.
«Pero está relacionado con la mente y, por lo tanto,
   puede conocer objetos.»
Cuando el yo o la persona conoce algo, el yo
   anterior que no lo conocía cesa,

[69] pero si, como afirmáis, el yo es permanente y no
   cambia,
¿cómo puede relacionarse con la mente y
   convertirse en un conocedor?
Asegurar que el yo carece de mente y no es capaz
   de realizar ninguna función
es como decir que el espacio es el yo o la persona.

[70] *«Si el yo no fuera permanente, sino que pereciese al*
   momento siguiente,
no habría relación entre las acciones y sus efectos.
Si el yo pereciese en el mismo momento en que comete
   una acción,
¿quién experimentaría sus efectos?»

[71] No tiene sentido debatir este asunto
porque los dos estamos de acuerdo en que el
   continuo de la persona que comete una acción
es el mismo que el de la que experimenta sus
   efectos.
Sin embargo, en el momento en que experimenta
   los efectos, la persona que cometió la acción
   causal ya no existe,

[72] y en el momento en que se comete la acción causal
es imposible ver a la persona que experimenta sus
efectos.
Tanto la persona que comete la acción como la que
experimenta sus efectos
no son más que una mera designación sobre el
continuo de un conjunto de agregados.

[73] Ni la mente del pasado ni la del futuro son el yo
porque la primera ya ha cesado y la segunda
todavía no se ha producido.
*«Pero, sin lugar a dudas, la mente que surge en el
momento presente es el yo.»*
Si lo fuera, el yo no existiría al momento siguiente.

[74] Si arrancas las capas del tronco hueco de un
platanero,
no encontrarás nada sustancial.
Del mismo modo, si realizas un detenido análisis,
tampoco encontrarás ningún yo o entidad propia.

[75] *«Si los seres sintientes no tienen existencia verdadera,
¿por quién debemos sentir compasión?»*
Hemos prometido alcanzar la meta de la Budeidad
por el beneficio de aquellos que son designados
por la ignorancia como si tuvieran existencia
verdadera.

[76] *«Si los seres sintientes no tienen existencia verdadera,
¿quién obtendrá los beneficios de meditar en la
compasión?»*

Aunque es cierto que la causa, la meditación en la
compasión, y el resultado, la Budeidad, carecen
de existencia verdadera, todavía existen de
manera nominal.

Por lo tanto, para poder eliminar por completo el
sufrimiento de todos lo seres,

no debemos rechazar la compasión con existencia
nominal que nos conduce a ese resultado.

[77] Lo que debemos eliminar son el sufrimiento y sus
causas,

y es la ignorancia del aferramiento propio la que
aumenta las perturbaciones mentales y el
sufrimiento.

*«Pero es imposible eliminar el aferramiento propio de
manera permanente.»*

No es imposible, y la meditación en la ausencia
de entidad propia o vacuidad es el método
supremo para conseguirlo.

[78] Los pies y las pantorrillas no son el cuerpo
ni tampoco los muslos ni la espalda.

La parte frontal y la posterior del abdomen no son
el cuerpo

ni tampoco el pecho ni los hombros.

[79] Los costados y las manos no son el cuerpo
ni tampoco los brazos ni las axilas.

Ninguno de los órganos internos es el cuerpo
ni tampoco la cabeza ni el cuello.

Entonces, ¿dónde podemos encontrar el cuerpo?

[80] Si afirmáis que el cuerpo está distribuido
entre sus diferentes partes,
aunque sería correcto afirmar que estas existen
    en ellas mismas,
¿dónde está el poseedor de las partes que está
    separado de ellas?

[81] Y si decís que el cuerpo entero existe
en cada una de sus partes, como en una mano,
se deduciría que hay tantos cuerpos
como diferentes partes.

[82] Si no es posible encontrar un cuerpo con existencia
    verdadera ni dentro ni fuera del cuerpo,
¿cómo puede haber un cuerpo con existencia
    verdadera entre las manos y demás partes?
Y puesto que tampoco hay ningún cuerpo separado
    de sus partes,
¿cómo puede haber un cuerpo con existencia
    verdadera en modo alguno?

[83] Por lo tanto, no hay ningún cuerpo con existencia
    verdadera,
pero debido a la ignorancia percibimos un cuerpo
    entre las manos y demás partes,
al igual que una mente aprehende de manera
    errónea una persona
al ver un montón de piedras apiladas al anochecer.

[84] Mientras existan las causas para confundir un
     montón de piedras con una persona,
     habrá una aprehensión errónea del cuerpo de esa
     persona.
     Del mismo modo, mientras sigamos aferrándonos
     a las manos y demás partes del cuerpo como si
     tuvieran existencia verdadera,
     seguiremos generando la aprehensión de un cuerpo
     con existencia verdadera.

[85] Al igual que el cuerpo carece de existencia
     verdadera, sus partes, como las manos, también
     carecen de ella
     porque asimismo son meramente designadas sobre
     el conjunto de sus partes, como los dedos y
     demás.
     Los dedos, a su vez, son meramente designados
     sobre el conjunto de sus partes, como las
     articulaciones,
     y cuando estas se dividen en partes, descubrimos
     que estas últimas también carecen de existencia
     verdadera.

[86] Las partes de las articulaciones son meramente
     designadas sobre un conjunto de átomos,
     y estos, a su vez, lo son sobre sus partes
     direccionales.
     Puesto que las partes direccionales también pueden
     subdividirse,
     los átomos carecen de existencia verdadera y son
     vacíos como el espacio.

[87] Por lo tanto, ¿qué persona inteligente
tendría apego a este cuerpo ilusorio que es como
un sueño?
Y puesto que no hay ningún cuerpo con existencia
verdadera,
¿cómo es posible que haya un hombre o una mujer
con existencia verdadera?

[88] Si las sensaciones desagradables tuvieran existencia
verdadera, nunca podrían cambiar,
de lo cual se deduciría que los seres sintientes no
podrían experimentar sensaciones agradables.
Y si las sensaciones agradables tuvieran existencia
verdadera,
¿cómo no alegraría al que está apenado una
comida deliciosa?

[89] *«Aunque esa persona tiene sensaciones agradables,*
no las experimenta
porque son anuladas por la intensidad de las
desagradables.»
¿Cómo puede existir una sensación
sin ser experimentada?

[90] *«Cuando tenemos una intensa sensación agradable,*
al mismo tiempo experimentamos una sensación
desagradable sutil.
La sensación intensa de dolor cesa y el dolor sutil
que subyace
adopta la naturaleza de una sensación sutil de
placer.»
Entonces, ¡esa sensación sutil es agradable y no
desagradable!

[91] *«Entonces, lo que quieres decir es que no hay*
sensaciones desagradables en ese momento
porque la comida deliciosa es la causa de lo opuesto,
las sensaciones agradables.»
El que sea causa de sensaciones agradables o
desagradables depende de una mera
designación conceptual.
Por lo tanto, queda claro que las sensaciones
carecen de existencia verdadera.

[92] El antídoto para eliminar el aferramiento a las
sensaciones con existencia verdadera
es la contemplación y meditación en la carencia
de existencia verdadera.
La visión superior que surge del análisis de esta
vacuidad en permanencia apacible
es el alimento que nutre las realizaciones del
yogui.

[93] Si hay espacio entre las partículas sin partes de un
poder sensorial y las de su objeto,
¿cómo puedes afirmar que se han encontrado?
Y si no hay espacio entre ellas, deberían fundirse
por completo y convertirse en una,
en cuyo caso, ¿qué es lo que se encontraría con
qué?

[94] Además, una partícula sin partes jamás podría
introducirse en otra
porque ambas tendrían el mismo tamaño y no
habría espacio en su interior.
Sin introducirse una dentro de otra no podrían
mezclarse,
y sin mezclarse no podrían encontrarse.

[95] Decir que dos objetos que carecen de partes
   pueden encontrarse
es completamente ilógico.
Si fuera posible, deberías poder percibirlo.
¡Por favor, muéstrame un ejemplo!

[96] No puede haber un encuentro con existencia
   verdadera entre la consciencia y la forma
porque la consciencia no tiene cualidades
   materiales.
Además, como hemos demostrado con
   anterioridad, no hay ningún conjunto con
   existencia verdadera
y, por lo tanto, tampoco hay ningún conjunto de
   partículas con existencia verdadera con el que
   encontrarse.

[97] Así pues, si el contacto no tiene existencia
   verdadera,
la sensación que surge a partir de él tampoco debe
   tenerla,
en cuyo caso, ¿qué sentido tiene esforzarse por
   experimentar sensaciones agradables?
Y si no hay sensaciones con existencia verdadera,
   ¿quién puede ser perjudicado por qué?

[98] Si no hay sensaciones con existencia verdadera,
tampoco puede haber una persona con existencia
   verdadera que las experimente.
Puesto que es así,
¿por qué no abandonamos nuestras ansias?

[99] Todos los objetos de las consciencias, desde las
formas visuales hasta los objetos tangibles,
que dan lugar a las sensaciones,
son como un sueño y una ilusión, y carecen por
completo de existencia verdadera.
Si la mente que experimenta sensaciones tuviera
existencia verdadera,
no podría experimentar ninguna sensación que
surgiera al mismo tiempo que ella.

[100] Además, aunque pudiera recordar sensaciones del
pasado, no las podría experimentar
ni tampoco las que no han surgido porque todavía
no existen.
Por lo tanto, las sensaciones no pueden
experimentarse a sí mismas
ni ninguna otra consciencia con existencia
verdadera puede experimentarlas tampoco.

[101] Por lo tanto, puesto que la persona que
experimenta las sensaciones no tiene existencia
verdadera,
y estas tampoco la tienen,
¿cómo es posible que las sensaciones agradables
o desagradables
beneficien o perjudiquen a este conjunto de
agregados carente de entidad propia?

[102] La consciencia mental no se puede encontrar en
los seis poderes
ni en los seis objetos de las conciencias, como las
formas, ni en el conjunto de ambos.
Tampoco se puede encontrar ni dentro ni fuera del
cuerpo
ni en ningún otro lugar.

[103] La consciencia mental no es el cuerpo ni algo
      inherentemente distinto de él.
      No está mezclada con el cuerpo ni tampoco está
      completamente separada de él.
      Ni la más pequeña de sus partes tiene existencia
      verdadera.
      Esta carencia de existencia verdadera, la vacuidad
      de la mente, se denomina *estado natural del*
      nirvana.

[104] Si una consciencia sensorial existiera antes que su
      objeto,
      ¿de qué sería consciente?
      Y si surgiera al mismo tiempo que su objeto,
      ¿de qué objeto dependería para surgir?

[105] Además, si una consciencia sensorial tuviera
      existencia verdadera,
      ¿cómo podría surgir posteriormente dependiendo
      de la condición de un objeto?
      De este modo, podemos comprobar
      que las seis consciencias sensoriales carecen de
      existencia verdadera.

[106] *«De ello se deduciría que los fenómenos no pueden*
      existir de manera convencional
      y, por lo tanto, vuestra presentación de las dos verdades
      no sería válida.
      Además, si las verdades convencionales son meramente
      designadas por mentes erróneas,
      ¿cómo es posible que los seres sintientes pasen más allá
      del dolor ni siquiera de manera nominal?»

[107] Según nuestro sistema, existir de manera
    convencional
    no significa ser designado por una mente que se
    aferra a la existencia verdadera.
    Una verdad convencional, como el cuerpo, está
    designada por una mente conceptual válida que
    percibe unas bases válidas de designación.
    Sin esta designación por una mente válida no
    habría verdades convencionales.

[108] La mente que designa y el objeto designado
    se establecen en dependencia mutua.
    Cada fenómeno es establecido por una mente
    analítica
    según lo válidamente aceptado en el mundo.

[109] «Cuando una mente analítica comprende que un objeto
    no tiene existencia verdadera,
    otra mente analítica debe analizar la primera para
    comprender que esta última tampoco la tiene.
    Entonces, la segunda mente analítica debería ser
    analizada por otra
    y este proceso no tendría fin, lo cual es absurdo.»

[110] Cuando una mente válida realiza de manera directa
    la carencia de existencia verdadera de todos los
    fenómenos,
    la existencia verdadera de esta mente es negada
    de forma implícita.
    Esta carencia de existencia verdadera tanto del
    objeto como del sujeto
    también se denomina estado natural del nirvana.

[111] A pesar de vuestros intentos, los chitamatrins no
podéis establecer
la existencia verdadera de la mente aprehensora
ni la del objeto aprehendido.
*«Al contrario, las formas, por ejemplo, tienen existencia
verdadera porque la consciencia las aprehende de este
modo.»*
¿Cómo es posible establecer algo con una
consciencia con existencia verdadera?

[112] *«Podemos demostrar que la consciencia tiene existencia
verdadera porque los objetos que aprehende también
la tienen.»*
Entonces, puesto que tanto ellos como las
consciencias que los aprehenden existen en
dependencia mutua,
¿cómo establecéis la existencia verdadera de estos
objetos?
Sin lugar a dudas, esto demuestra que tanto la
consciencia como el objeto carecen de existencia
verdadera.

[113] Por ejemplo, si un hombre no tiene hijos, no es
padre,
y sin un padre, ¿cómo puede haber hijos?
Puesto que sin hijos no hay padre, ambos existen
en dependencia mutua y, por lo tanto, ninguno
de los dos tiene existencia verdadera.
Lo mismo ocurre con la consciencia y su objeto.

[114] «*A partir del hecho de que un brote con existencia*
    verdadera surge de una semilla,
podemos comprender que esta última también tiene
    existencia verdadera.
Por lo tanto, ¿por qué no podemos comprender a partir
    del hecho de que una consciencia con existencia
    verdadera surge de un objeto
que este último también debe tener existencia
    verdadera?»

[115] Aunque es cierto que la existencia de una semilla
    puede ser deducida a partir de la de un brote
por una consciencia sustancialmente distinta de este
    último,
¿qué consciencia puede conocer la consciencia con
    existencia verdadera
que, según vosotros, es una clara indicación de la
    existencia verdadera de su objeto?

[116] Incluso las personas mundanas pueden comprender
    con claridad
que la mayoría de los fenómenos tienen causas.
Por ejemplo, las flores de loto de distintos colores
surgen a partir de diferentes causas.

[117] «*¿Y qué produjo esa variedad de diferentes causas?*»
Otra variedad de causas anteriores.
«*Pero, ¿cómo es posible que una causa específica*
    produzca un determinado resultado?»
Cada resultado se produce a partir de un potencial
    específico que existe en sus causas.

[118] Si vosotros, samkhyas, afirmáis que Ishvara es el
   creador de todos los fenómenos,
   explicadme, por favor, quién o qué es.
   *«Básicamente es la naturaleza de los cuatro grandes
   elementos.»*
   Entonces, ¿por qué tomarnos la molestia de
   llamarlos Ishvara?

[119] Puesto que los elementos, como el elemento tierra,
   están compuestos de sustancias múltiples
   y son impermanentes, inamovibles por la
   consciencia, no divinos, pisados y,
   en consecuencia, no venerados y sucios,
   no es posible que sean Ishvara.

[120] El espacio no es Ishvara porque este último es
   incapaz de producir nada,
   y el yo permanente tampoco lo es porque ya lo
   hemos refutado.
   «Aunque es el creador, Ishvara es incognoscible.»
   ¿Qué sentido tiene hablar de algo que no se puede
   conocer?

[121] ¿Qué es exactamente lo que se supone que Ishvara
   ha creado?
   *«Ha creado el mundo, los seres sintientes y el continuo
   subsiguiente de sí mismo.»*
   Pero entonces, ¿cómo pudo aparecer él mismo
   siendo un creador tan independiente?
   Además, la consciencia se produce a partir de su
   continuo anterior.

[122] Y, puesto que desde tiempo sin principio la
felicidad y el sufrimiento han sido producidos
por el karma o acciones,
decidnos, ¿qué es lo que ha creado Ishvara?
Si la causa no tiene principio,
el efecto tampoco debe tenerlo.

[123] Por lo tanto, ¿por qué los efectos, como la felicidad
y el sufrimiento, no surgen de manera continua
y sin interrupción
si su producción no depende de otras condiciones?
Y si, como afirmáis, no hay más fenómenos que los
creados por Ishvara,
¿de qué condiciones depende este último cuando
crea un resultado?

[124] Si un conjunto de causas y condiciones produce
un efecto,
este no habrá sido creado por Ishvara.
Si se reúnen las causas y condiciones apropiadas,
ni siquiera Ishvara puede impedir que se
produzca el efecto,
y si no se reúnen, tampoco puede crearlo.

[125] Si resultados como el sufrimiento se producen
sin que Ishvara lo desee,
se deduce que son producidos por algo distinto
a él.
Aunque afirmáis que todos los efectos se producen
según los deseos de Ishvara, estos deseos no
pueden crear todos los fenómenos.
Por lo tanto, ¿cómo es posible que Ishvara sea el
creador de todo?

[126] El argumento de que el mundo y los seres
sintientes son producidos a partir de partículas
permanentes y sin partes
ya ha sido refutado.
Vosotros, samkhyas, afirmáis que el creador
es el principio general permanente.

[127] También describís este principio general como un
estado de equilibrio
entre tres cualidades: luz, actividad y oscuridad,
que deben entenderse como las sensaciones de
indiferencia, placer y dolor.
Los estados de desequilibrio entre estas tres
cualidades son las manifestaciones que
constituyen el mundo.

[128] Si el principio general, el creador independiente
de todo, posee una naturaleza triple,
no es singular ni plural y, por lo tanto, no existe.
Del mismo modo, cada una de estas cualidades
tampoco pueden existir
porque aseguráis que cada una de ellas es un
compuesto de las tres.

[129] Si las tres cualidades no existen, el principio
general tampoco existe,
en cuyo caso es imposible establecer sus
manifestaciones, como las formas visuales y los
sonidos.
Además, también es imposible que objetos sin
mente, como las prendas de vestir,
tengan la misma naturaleza que las sensaciones,
como el placer.

[130] *«Todos los fenómenos tienen existencia verdadera en la*
naturaleza de sus causas.»

Pero ya hemos refutado ampliamente la
posibilidad de que haya fenómenos con
existencia verdadera.

Según vosotros, las prendas de vestir y otros
objetos similares surgen del principio general,
que es un estado de equilibrio entre el placer
y demás cualidades,

pero esto no es cierto porque ya hemos refutado
la existencia del principio general.

[131] En realidad, las sensaciones como el placer surgen
de objetos como las prendas de vestir,

y cuando no existen las causas, tampoco se
producen sus efectos, el placer y demás
sensaciones.

Si el principio general fuera permanente,
su naturaleza de placer, por ejemplo, también
lo sería,

pero esto nunca ha sido percibido por un
conocedor válido.

[132] Si el placer fuera permanente, se manifestaría
siempre.

Por lo tanto, ¿por qué no se experimenta cuando
se manifiesta el dolor?

«En ese momento, la sensación burda de placer se vuelve
sutil.»

¿Cómo es posible que algo permanente cambie
de burdo a sutil?

[133] Algo que abandona un estado burdo para
    convertirse en sutil
es en un momento dado burdo y en otro sutil y,
    por lo tanto, es impermanente.
Del mismo modo, debéis reconocer
que todos los objetos funcionales son
    impermanentes.

[134] Si el placer burdo no es diferente del placer
    propiamente dicho,
es evidente que el placer y, por lo tanto,
    el principio general, son impermanentes.
Vosotros afirmáis que un fenómeno manifiesto
    no existe al mismo tiempo que su causa
y, por lo tanto, un efecto tampoco.

[135] Aunque no queráis reconocer que un fenómeno
    manifiesto que antes no existía surge por
    primera vez,
en realidad, esto es lo que estáis diciendo.
Si el efecto existiera en el momento de su causa
    y tuvieran una misma naturaleza,
sería lo mismo tomar alimentos que excremento.

[136] Además, en lugar de comprar prendas de algodón,
podríais adquirir semillas de algodón y vestiros
    con ellas.
«Las personas mundanas no perciben el efecto en el
    momento de su causa debido a la confusión.»
Entonces, ¿qué ocurre con vuestro maestro Kapila?
    Él debería percibirlo, ya que afirmáis que es
    omnisciente.

[137] Y puesto que enseñáis su filosofía a las personas
mundanas,
¿por qué no perciben el efecto en el momento de
su causa?
*«Porque las personas mundanas no perciben los objetos
con conocedores válidos.»*
Entonces, ¡los fenómenos manifiestos que perciben
con claridad tampoco deberían ser ciertos!

[138] *«Según vosotros, madhyamikas, los conocedores válidos
no tienen existencia verdadera y, por lo tanto, deben
ser falsos,*
*en cuyo caso, cualquier objeto establecido por ellos
también debe serlo.*
*En consecuencia, la vacuidad de la que habláis también
debe ser falsa*
y no tiene sentido meditar en ella.»

[139] Sin haber identificado primero el objeto de
negación, la existencia verdadera,
no podéis aprehender su inexistencia o vacuidad.
Además, la negación de la existencia verdadera,
la vacuidad, tampoco tiene existencia verdadera.

[140] Si, por ejemplo, una madre sueña que su hijo ha
muerto,
el pensamiento de que este ya no existe
elimina la concepción de que todavía está vivo
aunque ninguno de los dos pensamientos tenga
existencia verdadera.

[141] Por medio de estos razonamientos
hemos establecido que la producción no ocurre sin
causas
y que un resultado, como un brote, no existe en
ninguna de sus causas ni condiciones,
ni de forma individual ni colectiva.

[142] Los efectos no vienen de ningún lugar cuando son
producidos,
no se van a ningún otro cuando desaparecen ni
tampoco permanecen de manera inherente.
Parecen tener existencia verdadera debido a
nuestra ignorancia,
pero en realidad son como ilusiones.

[143] Compara cualquier objeto que haya sido producido
por causas
con la ilusión creada por un mago.
¿De dónde vienen ambos cuando son producidos?
¿Adónde van cuando desaparecen?

[144] Podemos comprobar que los efectos surgen a partir
de sus causas,
y que sin causas no puede producirse un efecto.
Por lo tanto, si los objetos funcionales son falsos,
como un reflejo,
¿cómo pueden tener existencia verdadera?

[145] Si un objeto tiene existencia verdadera,
¿qué necesidad hay de que una causa lo produzca?
Y si es inexistente, de nuevo,
¿qué necesidad hay de que una causa lo produzca?

[146] Ni siquiera con cien millones de causas
un objeto no funcional puede convertirse en uno
funcional.
Si siguiera siendo no funcional, ¿cómo podría
convertirse en uno funcional?
¿A partir de qué estado podría convertirse en un
objeto funcional?

[147] Mientras es un objeto no funcional no puede existir
como funcional.
Por lo tanto, ¿cuándo se convertiría en funcional?
Sería imposible dejar de ser no funcional
sin primero convertirse en uno funcional.

[148] Además, sin dejar de ser no funcional
es imposible que se convierta en funcional.
Del mismo modo, un objeto funcional no puede
convertirse en uno permanente
porque si lo hiciera, tendría dos naturalezas
mutuamente excluyentes.

[149] Al igual que no hay producción de objetos
funcionales con existencia verdadera,
tampoco hay cesación con existencia verdadera.
Por lo tanto, el nacimiento de los seres sintientes
no tiene existencia verdadera
ni tampoco su muerte.

[150] Los seres sintientes son como los objetos de un
sueño
porque cuando los analizamos carecen de
identidad última, al igual que un arco iris.
Por lo tanto, en lo que se refiere a su carencia de
existencia verdadera, no hay diferencia
entre el nirvana, el estado más allá del dolor, y el
samsara, el estado del dolor.

[151] Puesto que los objetos son vacíos de este modo,
¿qué ganamos y qué perdemos con ellos?
¿Quién me alaba
y quién me critica?

[152] Sin beneficios ni perjuicios con existencia
verdadera,
¿de qué tenemos que alegrarnos o entristecernos?
Y cuando buscamos su naturaleza última,
¿dónde están los que desean una buena reputación
y dónde está lo que buscan?

[153] Al analizarlo de este modo,
¿quién está vivo en este mundo y quién muere?
¿Qué ocurrirá en el futuro y qué sucedió en el
pasado?
¿Quiénes son nuestros familiares y amigos?

[154] ¡Oh, lector, que buscas lo mismo que yo!, te ruego
que,
por favor, te esfuerces por comprender que todos
los fenómenos son vacíos como el espacio.
Recuerda que aunque todas las personas desean
ser felices,
oscilan entre sentirse angustiadas por el
sufrimiento

[155] y estar rebosantes de alegría al experimentar
placeres sin sentido.
Al no encontrar la felicidad, sufren,
y al esforzarse por satisfacer sus deseos, discuten,
se pelean y se hieren con armas.
Por lo tanto, desperdician sus vidas cometiendo
acciones perjudiciales.

[156] De vez en cuando obtienen un renacimiento
    afortunado
y disfrutan brevemente de una felicidad temporal,
pero pronto mueren y caen en los reinos inferiores,
donde experimentan sufrimientos insoportables
    durante mucho tiempo.

[157] En el samsara hay innumerables trampas que nos
    conducen al sufrimiento.
En lugar de encontrar el camino de la vacuidad,
    que nos conduce a la libertad,
seguimos atrapados por su opuesto, el aferramiento
    a la existencia verdadera.
Si mientras permanecemos en el samsara no
    encontramos el camino de la vacuidad,

[158] seguiremos experimentando un océano interminable
    de sufrimientos
tan insoportables que no los podemos ni imaginar.
Ni siquiera cuando obtengamos renacimientos
    afortunados podremos practicar la virtud,
y nuestras vidas dotadas de dones y libertades
    transcurrirán con rapidez.

[159] Nos esforzamos en todo momento por evitar las
    enfermedades y la muerte,
saciar el hambre, descansar o simplemente dormir.
Hay numerosos obstáculos internos y externos
    que nos perjudican,
y desperdiciamos nuestras vidas manteniendo
    relaciones sin sentido.

[160] Por lo tanto, nuestra vida transcurre de manera
      fugaz sin poder llenarla de significado
   y nos resulta muy difícil realizar la vacuidad.
   En este estado, ¿dónde podemos encontrar el
      método para evitar
   las distracciones de la mente con las que estamos
      tan familiarizados?

[161] Además, las fuerzas demoníacas intentan sin cesar
      arrojarnos al terreno yermo de los reinos inferiores.
   Hay numerosos caminos erróneos que nos
      desorientan
   y nos resulta difícil aclarar las dudas que nos
      aturden.

[162] Nos costará mucho encontrar de nuevo un
      renacimiento humano dotado de dones y
      libertades.
   Los Budas no aparecen con frecuencia en este
      mundo y resulta difícil encontrar un Guía
      Espiritual mahayana cualificado.
   Sin estas condiciones es imposible detener la riada
      de las perturbaciones mentales.
   ¡Ay, el sufrimiento de los seres sintientes parece no
      tener fin!

[163] ¡Oh!, sin lugar a dudas debemos sentir compasión
      por estos pobres seres
   arrastrados por los grandes ríos del sufrimiento,
   que a pesar de sufrir terriblemente
   no son capaces de reconocerlo.

[164] Por ejemplo, algunos ascetas realizan abluciones
con agua helada
y se queman el cuerpo una y otra vez,
y aunque experimentan mucho sufrimiento
aseguran con orgullo que son felices.

[165] Del mismo modo, aquellos que viven
como si no les fueran a afectar los sufrimientos,
como los del envejecimiento y la muerte,
experimentarán terribles sufrimientos a manos del
Señor de la Muerte
y tendrán que padecer los insoportables tormentos
de los reinos inferiores.

[166] Que pueda yo extinguir el fuego del sufrimiento
que atormenta a estos seres
con una abundante lluvia de felicidad
que descienda de las nubes de mis méritos.

[167] Y que acumulando con sinceridad gran cantidad
de méritos,
y dotado de la sabiduría que realiza la carencia
de existencia verdadera,
pueda enseñar la vacuidad a todos los seres
sintientes
que sufren debido a su aferramiento propio.

Aquí concluye el capítulo noveno de la *Guía de las obras
del Bodhisatva*, titulado «La perfección de la sabiduría».

Dedicación

Que gracias a mis méritos,
todos los seres del universo,
atormentados por sufrimientos físicos y mentales,
disfruten de bienestar y felicidad.

CAPÍTULO 10

Dedicación

[1] Que por los méritos que he acumulado
al componer la *Guía de las obras del Bodhisatva*,
todos los seres sintientes sin excepción
adopten el modo de vida del Bodhisatva.

[2] Que gracias a mis méritos,
todos los seres del universo,
atormentados por sufrimientos físicos y mentales,
disfruten de bienestar y felicidad.

[3] Que mientras permanezcan en el samsara
nunca disminuya su felicidad temporal,
y que finalmente disfruten
del gozo permanente de la Budeidad.

[4] Que todos los seres renacidos
en cualquier parte del universo
que experimentan los sufrimientos de los infiernos,
disfruten del gozo de la tierra pura de Sukhavati.

[5] Que los atormentados por el frío reciban calor,
y los que sufren de calor se refresquen
con una lluvia inagotable de agua relajante
que descienda de las inmensas nubes de méritos
y sabiduría de los Bodhisatvas.

[6] Que los bosques de árboles con hojas de cuchillas
afiladas
se conviertan en una placentera arboleda
y que los árboles de espinos de hierro punzantes
se transformen en árboles que colman todos los
deseos.

[7] Que las regiones de los infiernos se conviertan
en tierras gozosas
adornadas con grandes lagos llenos de fragantes
flores de loto
donde resuene el melodioso sonido
de los gansos salvajes, patos y cisnes.

[8] Que los cúmulos de carbón encendido se
conviertan en montones de joyas,
que el suelo de hierro candente se transforme en
un refrescante suelo de cristal
y que las montañas de los infiernos aplastantes
se conviertan en palacios celestiales para la oración
llenos de Sugatas.

[9] Que a partir de ahora el granizo de lava, las rocas
en llamas y las armas
se conviertan en una lluvia de flores
y que todas las luchas con armas
se transformen en un intercambio de flores.

[10] Que los que se ahogan en los llameantes ríos de
    ácido
    y cuya carne se desprende de los huesos blancos
    como un lirio,
    obtengan cuerpos de seres celestiales
    y jueguen con sus consortes en plácidos arroyos.

[11] *«¿Por qué los torturadores del Señor de la Muerte y los*
    buitres y demás aves de rapiña tienen tanto miedo?
    ¿Quién posee el noble poder para disipar las tinieblas
    del sufrimiento y concedernos el estado de gozo?»
    Que al mirar hacia arriba, los seres de los infiernos
    contemplen la radiante figura de Vajrapani,
    el Sostenedor del *Vajra.*
    Que por el poder de su nueva fe y felicidad se
    liberen de su desdichado pasado y permanezcan
    siempre junto a él.

[12] Cuando vean que una lluvia de flores y agua
    perfumada apaga el fuego de la lava de los
    infiernos
    y al instante queden saciados de gozo,
    se preguntarán quién ha realizado esta maravilla
    y contemplarán a Padmapani, el Sostenedor del
    Loto.

[13] *«Amigos, acercaos rápidamente y no temáis,*
    porque sobre nosotros está el joven Manyhushri, que
    con su radiante cabello recogido en un moño disipa
    nuestros temores.
    Dotado de gran compasión y bodhichita, protege a todos
    los seres,
    y con su poder elimina el sufrimiento y concede la
    felicidad perfecta.

[14] »*Contempladlo en su hermoso palacio donde resuenan
los cantos de miles de seres celestiales,*
*cientos de dioses se postran ante él tocando sus pies de
loto con sus tiaras*
*y una gran lluvia de flores desciende sobre su hermosa
cabeza, sus ojos humedecidos por lágrimas de
compasión».*
Por lo tanto, que todos los seres de los infiernos
lloren de felicidad al ver a Manyhushri.

[15] Del mismo modo, que cuando gracias a mis
virtudes todos los seres de los infiernos
reciban una lluvia dulce, fresca y fragante de las
nubes
formadas por Bodhisatvas como Samantabhadra,
disfruten de verdadera felicidad.

[16] Que todos los animales se liberen del miedo
a ser devorados por otros animales
y que los espíritus ávidos sean tan felices
como los habitantes del continente norte.

[17] Que sean saciados con el manantial de leche
que fluye de las compasivas manos
de Arya Avalokiteshvara
y se refresquen al bañarse en él.

[18] Que los ciegos vean,
que los sordos oigan,
y que como Mayadevi, la madre de Buda,
las mujeres embarazadas den a luz sin dolor.

[19] Que los que están desnudos encuentren prendas
    de vestir,
que los que tienen hambre reciban alimentos,
y los que tienen sed, agua pura
y bebidas deliciosas.

[20] Que los pobres encuentren riquezas,
que los debilitados por el dolor disfruten de
    alegría
y que los que han perdido sus posesiones
las recuperen y tengan buena fortuna.

[21] Que todos los enfermos
se curen con rapidez
y las enfermedades que afligen a los seres
    sintientes
desaparezcan para siempre.

[22] Que los que están atemorizados se liberen de sus
    temores,
que los cautivos sean liberados,
que los que carecen de poder lo adquieran
y que todas las personas piensen solo en beneficiar
    a los demás.

[23] Que los viajeros que están en camino
sean felices allí donde vayan
y que sin ningún esfuerzo
consigan lo que deseen.

[24] Que los que navegan en barcos u otras
    embarcaciones
encuentren lo que buscan
y que al regresar a tierra firme sanos y salvos
se reúnan contentos con sus familiares y amigos.

[25] Que los afligidos porque se han perdido
encuentren compañeros de viaje,
dejen de tener miedo a los ladrones y otros peligros
y continúen su camino sin fatigarse.

[26] Que los que viven en lugares difíciles y peligrosos,
los niños, los ancianos, los desprotegidos,
los desorientados y dementes
estén bajo el cuidado de bondadosos seres
    celestiales.

[27] Que todos los seres humanos se liberen de
    cualquier clase de cautiverio,
tengan fe, sabiduría y compasión,
disfruten de deliciosos manjares
y mantengan una conducta pura teniendo en
    cuenta sus vidas futuras.

[28] Que disfruten de inagotable alegría y abundantes
    riquezas
como las de un tesoro supremo,
y que gocen de libertad
sin peleas, obstáculos ni perjuicios.

[29] Que los que carecen de esplendor
se cubran de grandeza
y que los que están extenuados por el ascetismo
obtengan cuerpos nobles y majestuosos.

[30] Que todos los seres de todos los lugares
renazcan con el sexo que deseen
y que los humildes y destituidos adquieran
    grandeza
sin dejarse llevar por el orgullo.

[31] Que por el poder de los méritos que he acumulado,
todos los seres sintientes, sin excepción,
abandonen el camino del mal
y practiquen siempre la virtud.

[32] Que nunca se separen de la bodhichita
y adopten en todo momento el modo de vida del
Bodhisatva.
Que estén bajo el cuidado de los Budas y Guías
Espirituales
y dejen de cometer acciones diabólicas.

[33] Que mientras permanezcan en el samsara renazcan
en los reinos afortunados,
disfruten de inconcebible longevidad,
estén siempre contentos
y no tengan ni que oír la palabra *muerte*.

[34] Que todos los lugares del mundo
se conviertan en jardines con árboles que colman
todos los deseos,
donde resuene el sonido del Dharma
proclamado por los Budas y Bodhisatvas.

[35] Que toda la tierra
sea transformada en un lugar completamente puro,
tan suave como el lapislázuli
y liso como la palma de la mano.

[36] Y que aparezcan por todo el mundo
multitud de Bodhisatvas
con excelentes cualidades
para beneficiar a sus discípulos.

[37] Que todos los seres sintientes escuchen sin
   interrupción
el dulce sonido del Dharma
en el canto de los pájaros, el murmullo de los
   árboles,
los rayos de luz e incluso el mismo espacio.

[38] Que todos los seres se encuentren con los Budas
y sus hijos e hijas, los Bodhisatvas,
y que los Guías Espirituales de todo el mundo
sean venerados con nubes de ofrendas.

[39] Que los seres celestiales envíen lluvia en el
   momento apropiado
y las cosechas sean siempre abundantes.
Que las naciones sean gobernadas de acuerdo
   con el Dharma
y haya prosperidad en el mundo.

[40] Que las medicinas sean eficaces
y con la recitación de mantras se colmen todos
   los deseos.
Que los espíritus y animales salvajes que nos
   afectan
cultiven la mente de gran compasión.

[41] Que nadie tenga dolores físicos,
angustia ni enfermedades.
Que todos se liberen de cualquier clase de
   infelicidad
y nadie tenga miedo ni sea menospreciado.

[42] Que en todos los templos y centros de Dharma
se practiquen la recitación y la meditación.
Que la Sangha viva siempre en armonía
y se colmen sus deseos de beneficiar a los demás.

[43] Que los miembros de la Sangha que deseen
    practicar con sinceridad
encuentren condiciones apropiadas para hacerlo,
que abandonen todas las distracciones
y mediten con flexibilidad mental.

[44] Que los monjes y las monjas dispongan de
    recursos materiales
y nunca sufran ningún perjuicio.
Que ninguna persona que haya recibido la
    ordenación
permita nunca que su disciplina moral degenere.

[45] Que aquellos que han roto su disciplina moral
purifiquen por completo sus caídas morales,
que obtengan un renacimiento afortunado
y nunca vuelva a degenerar su moralidad.

[46] Que los versados en el Dharma sean respetados
y reciban ayuda material,
que sus mentes sean puras y apacibles
y sus buenas cualidades sean proclamadas en
    todas las direcciones.

[47] Que nunca experimenten los sufrimientos de los
    reinos inferiores
ni tengan dificultades físicas, verbales o mentales,
que obtengan un cuerpo físico superior al de los
    dioses
y alcancen con rapidez el estado de Buda.

[48] Que todos los seres sintientes
hagan continuas ofrendas a los Budas
y experimenten el gozo eterno
de un ser totalmente iluminado.

[49] Que los Bodhisatvas puedan beneficiar a la
    humanidad
tal y como deseen,
y que todos los seres sintientes reciban
todo aquello que los Budas deseen para ellos.

[50] Además, que los Conquistadores Solitarios y los
    Oyentes
alcancen la felicidad del nirvana.

[51] Que hasta que alcance el plano Muy Gozoso,
gracias a las bendiciones de Manyhushri,
tenga en cuenta mis vidas futuras
y reciba siempre la ordenación monástica.

[52] Que siempre viva humildemente y me sustente
    con alimentos básicos,
que en todas mis vidas permanezca en soledad
y encuentre las condiciones apropiadas
para alcanzar mis metas espirituales.

[53] Que cuando desee leer alguna de las escrituras
o componer aunque solo sea una estrofa,
contemple sin obstrucciones
al Protector Manyhushri.

[54] Que para colmar los deseos de todos los seres
    sintientes
que llegan hasta los confines del espacio,
mi vida se asemeje siempre
a la de Manyhushri.

[55] Que mientras exista el espacio
y haya seres sintientes en el samsara,
permanezca entre ellos
para liberarlos del sufrimiento.

[56] Que el sufrimiento de todos los seres sintientes
madure solo en mí,
y que por el poder de las virtudes y aspiraciones
de los Bodhisatvas,
todos los seres disfruten de felicidad.

[57] Que el Budadharma, la única medicina para
eliminar el sufrimiento
y fuente de toda felicidad,
sea respetado, reciba ayuda material
y permanezca durante mucho tiempo.

[58] Me postro ante Manyhushri,
gracias a cuya bondad genero intenciones
virtuosas,
y me postro también ante mi Guía Espiritual,
gracias a cuya bondad aumentan mis buenas
cualidades.

Aquí concluye el capítulo décimo de la *Guía de las obras del Bodhisatva*, titulado «Dedicación».

Aquí concluye la *Guía de las obras del Bodhisatva* compuesta por el maestro budista Shantideva.

Glosario de términos

La mayoría de estos términos se describen con detalle en el comenta-
rio de Gueshe Kelsang Gyatso titulado Tesoro de contemplación.
En aquellos casos en que pueden encontrarse exposiciones más
detalladas sobre estos términos en otros libros de Gueshe Kelsang
Gyatso se menciona en cada uno de ellos

Absorción sin discernimiento Concentración del cuarto reino de
la forma que observa la nada y se alcanza suprimiendo las sensaciones y los discernimientos burdos. Véase *Océano de néctar.*

Acumulación de méritos Cualquier acción virtuosa motivada por
la bodhichita y que constituye la causa principal para alcanzar el
Cuerpo de la Forma de un Buda. Por ejemplo, hacer ofrendas a
los seres sagrados o postrarnos ante ellos con la motivación de
bodhichita, y practicar las perfecciones de la generosidad, la disciplina moral y la paciencia.

Acumulación de sabiduría Cualquier acción mental virtuosa
motivada por la bodhichita que constituye la causa principal
para alcanzar el Cuerpo de la Verdad de un Buda. Por ejemplo,
escuchar enseñanzas sobre la vacuidad, contemplarlas y meditar
en ellas con la motivación de bodhichita.

Adiestramiento de la mente *Loyong* en tibetano. Instrucciones
para cultivar la mente de bodhichita con el método especial de

igualarse y cambiarse uno mismo por los demás combinado con las prácticas de tomar y dar. El origen de estas enseñanzas se remonta a Buda Shakyamuni, quien las transmitió a Manyhushri y este a Shantideva. De él fueron pasando a través de un linaje ininterrumpido de maestros realizados, como Serlingpa, Atisha, Dromtompa, etcétera, hasta llegar a los maestros de nuestros días. Véanse *Compasión universal* y *Ocho pasos hacia la felicidad.*

Adiestramiento de la mente en siete puntos Comentario a las *Ocho estrofas del adiestramiento de la mente*, compuesto por Gueshe Chekhaua. Para un comentario más completo, véase *Compasión universal.*

Aferramiento propio / Autoaferramiento Mente conceptual que percibe todos los fenómenos como si tuvieran existencia inherente. La mente del aferramiento propio es el origen de todas las demás perturbaciones mentales, como el odio y el apego, y es la causa raíz de todo sufrimiento e insatisfacción. En particular, para hacer referencia a la mente que se aferra al yo con existencia inherente, se ha utilizado el término *autoaferramiento*. Véase *Corazón de la sabiduría.*

Aferramiento verdadero Mente conceptual que aprehende la existencia verdadera de la persona o de los demás fenómenos.

Agregado Por lo general, todo objeto funcional es un agregado porque está compuesto de varias partes. En particular, los seres de los reinos del deseo y de la forma poseen los cinco agregados siguientes: forma, sensación, discernimiento, factores productores y consciencia. Los seres del reino inmaterial carecen del agregado de la forma, pero poseen los otros cuatro. El agregado de la forma de una persona es su cuerpo, mientras que su mente está incluida en los otros cuatro. Véase *Corazón de la sabiduría.*

Antivigilancia Factor mental perturbador que, siendo incapaz de distinguir entre faltas y virtudes, nos hace generar faltas.

Apariencia dual La percepción de un objeto junto con su existencia inherente. Véase *Corazón de la sabiduría.*

Apego Factor mental perturbador que observa un objeto contaminado, lo considera como una causa de felicidad y lo desea. Véase *Comprensión de la mente*.

Arjat Palabra sánscrita que significa 'Destructor del Enemigo'. Practicante que al haber abandonado todas las perturbaciones mentales y sus semillas, se ha liberado del samsara. En este contexto, *Enemigo* se refiere a las perturbaciones mentales. Véase también OYENTE.

Arya Palabra sánscrita que significa 'Ser Superior'. Aquel que posee una realización directa de la vacuidad. Hay Seres Superiores hinayanas y mahayanas.

Autoconocedor La conciencia que se conoce a sí misma. Algunas escuelas creen en la existencia de los autoconocedores, pero otras no.

Avalokiteshvara Personificación de la compasión de todos los Budas. Su nombre en tibetano es *Chenrezsig*. En tiempos de Buda Shakyamuni se manifestó bajo el aspecto de uno de sus discípulos Bodhisatvas. Véase *Caminos y planos tántricos*.

Avaricia Factor mental perturbador que, a causa del apego, se aferra a los objetos con firmeza y no quiere desprenderse de ellos. Véase *Comprensión de la mente*.

Base de designación Todos los fenómenos son designados en relación con sus partes; por lo tanto, cada una de las partes de un fenómeno o el conjunto de todas ellas constituye sus bases de designación. En virtud de que las bases de designación de un objeto aparecen ante la mente, esta lo designa. Véase *Corazón de la sabiduría*.

Bendición Proceso de transformación de la mente de un estado impuro a otro virtuoso, de uno de infelicidad a otro de felicidad, o de uno de debilidad a otro de fortaleza, que se produce como resultado de recibir la inspiración de seres sagrados, como nuestro Guía Espiritual, los Budas o Bodhisatvas.

Bodhichita Término sánscrito que significa 'mente de la iluminación'. *Bodhi* quiere decir 'iluminación', y *chita*, 'mente'. Puede ser de dos clases: convencional y última. Por lo general, cuando se habla de *bodhichita*, se hace referencia a la acepción convencional, la mente primaria motivada por la gran compasión que desea de manera espontánea alcanzar la iluminación por el beneficio de todos los seres sintientes, y puede ser aspirante o comprometida. La bodhichita última es la sabiduría que realiza la vacuidad, la naturaleza última de los fenómenos, de manera directa, y está motivada por la bodhichita convencional. Véanse también *BODHICHITA ASPIRANTE* y *BODHICHITA COMPROMETIDA*. Véanse *Compasión universal*, *El camino gozoso de buena fortuna* y *Tesoro de contemplación*.

Bodhichita aspirante El deseo de alcanzar la iluminación por el beneficio de todos los seres sintientes. Véase también *BODHICHITA*.

Bodhichita comprometida Después de tomar los votos del Bodhisatva, nuestra mente de bodhichita aspirante se transforma en la bodhichita comprometida, que es la mente que realiza las prácticas que nos conducen hacia la iluminación.

Bodhisatva Aquel que ha generado la mente de bodhichita de manera espontánea, pero aún no es un Buda. Cuando el practicante genera la bodhichita espontánea, se convierte en un Bodhisatva y entra en el primer camino mahayana, el de la acumulación. El Bodhisatva ordinario es aquel que aún no ha alcanzado una realización directa de la vacuidad, y el Bodhisatva Superior, el que ya la ha logrado. Véanse *El camino gozoso de buena fortuna* y *Tesoro de contemplación*.

Brahma Un dios mundano que reside en el primer reino de la forma. Véase *Océano de néctar*.

Buda Aquel que ha eliminado por completo todas las perturbaciones mentales, así como las impresiones que dejan grabadas en la mente. Muchos seres se convirtieron en Budas en el pasado y muchos otros lo harán en el futuro. Véase *El camino gozoso de buena fortuna*.

Budismo kadampa La unión de todas las enseñanzas de Buda integradas en el *Lamrim*, texto de instrucciones y prácticas especiales compuesto por el gran maestro budista Atisha en el que se presentan las etapas completas del camino hacia la iluminación. *Kadampa* es una palabra tibetana. *Ka* se refiere a todas las enseñanzas de Buda, *dam*, a la presentación especial del Lamrim que enseñó Atisha, y *pa* es la persona que las practica. Véanse también *KADAMPA* y *TRADICIÓN KADAMPA*.

Chekhaua, Bodhisatva [1102-1176] Gran Bodhisatva kadampa que compuso el texto *Adiestramiento de la mente en siete puntos*, comentario a las *Ocho estrofas del adiestramiento de la mente*, de Gueshe Langri Tangpa. Difundió el estudio y la práctica del adiestramiento de la mente por todo el Tíbet. Véase *Compasión universal*.

Chitamatra Una de las dos escuelas principales de la filosofía mahayana. *Chitamatra* significa 'solo mente'. Según este sistema, la naturaleza de todos los fenómenos es la misma que la de la mente que los aprehende y aunque estos no existen fuera de ella son verdaderamente existentes. A sus seguidores se los conoce como *chitamatrins*. Véanse *Tesoro de contemplación* y *Océano de néctar*.

Compasión La mente que no puede soportar que otros seres experimenten sufrimiento y desea liberarlos de él.

Concentración Factor mental gracias al cual la mente primaria permanece fija en el objeto de manera convergente.

Confesión Acto de purificación del karma negativo por medio de los cuatro poderes oponentes: el del arrepentimiento, el de la dependencia, el de la fuerza oponente y el de la promesa. Véanse *El camino gozoso de buena fortuna*, *El voto del Bodhisatva* y *Tesoro de contemplación*.

Conocedor válido Conocedor que no es engañoso con respecto a su objeto conectado. Puede ser de dos clases: conocedor válido inferencial y conocedor válido directo. Véanse *Comprensión de la mente* y *Corazón de la sabiduría*.

Conquistador Solitario Una clase de practicante hinayana. También recibe el nombre de Realizador Solitario. Véase *OYENTE*. Véase *Océano de néctar*.

Contacto Factor mental cuya función es percibir que un objeto es agradable, desagradable o neutro. Véase *Comprensión de la mente*.

Cuatro nobles verdades La verdad del sufrimiento, la de los orígenes, la de las cesaciones y la de los caminos. Según la escuela madhyamika-prasanguika, estas cuatro verdades pueden ser burdas o sutiles debido a que hay dos clases de aferramiento a la persona: el burdo, que se aferra a la persona autosuficiente y con existencia sustancial, y el sutil, que se aferra a la persona con existencia inherente. Se denominan *nobles* porque son los objetos supremos de meditación. Si meditamos en las cuatro nobles verdades sutiles, podemos realizar la verdad última de manera directa y convertirnos en un Ser Noble o Superior. Véase *Cómo solucionar nuestros problemas humanos*.

Cuatro poderes oponentes Los poderes que se requieren para practicar la purificación: el del arrepentimiento, el de la dependencia, el de la fuerza oponente y el de la promesa. Véanse *El camino gozoso de buena fortuna*, *El voto del Bodhisatva* y *Tesoro de contemplación*.

Cuerpo de la Verdad El Cuerpo de Sabiduría de la Verdad y el Cuerpo de Entidad o Naturaleza de un Buda. El primero es la mente omnisciente de Buda y el segundo es la vacuidad o naturaleza última de su mente. Véase *El camino gozoso de buena fortuna*.

Dedicación La dedicación es por naturaleza un factor mental virtuoso; es la intención virtuosa a gracias a la cual impedimos que degeneren las virtudes que hemos acumulados y hacemos que aumenten. Véase *El camino gozoso de buena fortuna*.

Designación Según la escuela madhyamika-prasanguika, todos los fenómenos son meramente designados por la mente conceptual a partir de sus bases de designación. Por lo tanto, son meras designaciones y no existen por su propio lado. Véase *Corazón de la sabiduría*.

Dharma Todas las enseñanzas de Buda y las realizaciones espirituales que se alcanzan al ponerlas en práctica. *Dharma* significa 'protección'. Con la práctica de las enseñanzas de Buda nos protegemos del sufrimiento y otros problemas.

Diez direcciones Los cuatro puntos cardinales, los cuatro intermedios, el cenit y el nadir.

Dioses En sánscrito *devas*. Seres del reino celestial o de los dioses, el más elevado de los seis reinos del samsara. Existen numerosas clases de dioses: algunos pertenecen al reino del deseo, otros al reino de la forma y otros al reino inmaterial. Véase *El camino gozoso de buena fortuna*.

Distracción Factor mental perturbador que vaga tras un objeto de las perturbaciones mentales.

Espíritus hambrientos / ávidos Seres que habitan en el reino de los espíritus hambrientos, el segundo más bajo del samsara. Véase *El camino gozoso de buena fortuna*.

Estimación propia La actitud de considerarse uno mismo importante y especial.

Estupa Objeto religioso que simboliza la mente omnisciente de un Buda.

Existencia inherente Modo de existencia irreal en el que los fenómenos existen por su propio lado, independientes unos de otros. En realidad, todos los fenómenos carecen de existencia inherente porque dependen de sus partes. Véase *Corazón de la sabiduría*.

Extremo del apego Apego a la existencia verdadera de los fenómenos que nos mantiene atrapados en el samsara debido a las perturbaciones mentales y el karma. También se conoce como *extremo del samsara*.

Extremo del miedo Miedo a los sufrimientos del samsara que nos impulsa a buscar la liberación personal. También se conoce como *extremo de la paz solitaria*.

Factor mental Conocedor que aprehende principalmente una característica específica de un objeto. Existen cincuenta y un factores mentales. Véase *Comprensión de la mente*.

Fe Factor mental cuya función principal es eliminar la carencia de fe. Es una mente virtuosa por naturaleza y su función es eliminar la percepción de faltas en el objeto observado. Existen tres clases de fe: fe creyente, fe admirativa y fe desiderativa Véase *Transforma tu vida*.

Fenómeno negativo no afirmante Aquel que se realiza al eliminar de manera explícita el objeto que se niega sin implicar ningún fenómeno positivo. La vacuidad es un ejemplo de fenómeno negativo no afirmante porque se comprende con una mente que niega directamente la existencia inherente, su objeto de negación, sin comprender ningún fenómeno positivo. Véase *Corazón de la sabiduría*.

Fenómeno permanente Los fenómenos pueden ser permanentes o impermanentes. Un fenómeno permanente es aquel que no depende de causas ni se desintegra momento a momento.

Guía Espiritual *Guru* en sánscrito, *Lama* en tibetano. Maestro que nos guía por el camino espiritual. Véanse *El camino gozoso de buena fortuna*, *Gema del corazón* y *Mahamudra tántrico*.

Hinayana Palabra sánscrita que significa 'pequeño vehículo'. La meta de este camino es eliminar las perturbaciones mentales para alcanzar la liberación del sufrimiento.

Humildad Factor mental virtuoso cuya función es reducir el orgullo perturbador.

Iluminación Por lo general, la iluminación total de la Budeidad: la naturaleza última de la mente que se ha liberado de las perturbaciones mentales y de sus impresiones. Hay tres grados de iluminación: la menor [la que alcanza el Oyente]; la mediana [la del Conquistador Solitario]; y la gran iluminación [la de un Buda]. La iluminación es una liberación además de una cesación verdadera. Véase *El camino gozoso de buena fortuna*.

Ishvara Dios que habita en la Tierra en la que se Controlan las Emanaciones de los Demás, el estado de existencia más elevado dentro del reino del deseo. Ishvara tiene poderes sobrenaturales contaminados y limitados, que le hacen más poderoso que otros seres del reino del deseo.

Joya que colma todos los deseos Joya legendaria que concede cualquier deseo que se le pida.

Kadampa Persona que practica el Lamrim con sinceridad e integra en esta práctica todas las enseñanzas de Buda que ha aprendido. Véanse también *BUDISMO KADAMPA* y *TRADICIÓN KADAMPA*.

Karma Palabra sánscrita que hace referencia a las acciones y sus efectos. Impulsados por la intención efectuamos acciones físicas, verbales y mentales, y todas ellas producen ciertos efectos. Las acciones virtuosas producen como resultado felicidad, y las perjudiciales, sufrimiento. Véase *El camino gozoso de buena fortuna*.

Lamrim Palabra tibetana que significa 'etapas del camino'. Presentación gradual de todas las etapas del camino hacia la iluminación. Para un comentario completo, véase *El camino gozoso de buena fortuna*.

Langri Tangpa, Bodhisatva [1054-1123] Gran maestro kadampa famoso por su realización de cambiarse uno mismo por los demás y autor del pequeño texto *Adiestramiento de la mente en ocho estrofas*. Véase *Ocho pasos hacia la felicidad*.

Liberación *Nirvana* en sánscrito. Emancipación completa del samsara y de sus causas, las perturbaciones mentales. Véase *El camino gozoso de buena fortuna*.

Madhyamika Palabra sánscrita que significa 'camino medio'. Una de las dos escuelas principales de la filosofía mahayana. Buda enseñó la visión madhyamika en los *Sutras de la perfección de la sabiduría* durante el segundo giro de la rueda del Dharma y, más tarde, Nagaryhuna y sus seguidores la esclarecieron. Hay dos escuelas madhyamikas: la escuela madhyamika-svatántrika y la madhyamika-prasanguika. Esta última presenta la visión última de Buda. Véase *Océano de néctar*.

Mahayana Término sánscrito que significa 'gran vehículo', el camino espiritual que conduce a la gran iluminación. La meta del camino mahayana es alcanzar la Budeidad para el beneficio de todos los seres sintientes al abandonar por completo las perturbaciones mentales y sus impresiones.

Maitreya Personificación del amor afectivo de todos los Budas. En tiempos de Buda Shakyamuni se manifestó como uno de sus discípulos Bodhisatvas. En el futuro será el quinto Buda de este eón afortunado.

Mala conducta Factor mental perturbador que desea cometer acciones perjudiciales sin restricciones.

Mantra Palabra sánscrita que significa 'protección de la mente'. El mantra protege la mente de apariencias y concepciones ordinarias. Hay cuatro clases de mantras: los que son mente, los que son aires internos sutiles, los que son sonidos y los que son formas. Por lo general, hay tres clases de recitación de mantras: recitación verbal, recitación mental y recitación vajra. Véase *Caminos y planos tántricos*.

Manyhushri Personificación de la sabiduría de todos los Budas.

Meditación Método para familiarizar la mente de manera constante y profunda con un objeto virtuoso. Es una acción mental con la que se cultiva la paz interior. Hay dos clases de meditación: analítica y de emplazamiento. Cuando utilizamos nuestra imaginación, memoria y capacidad de razonamiento para encontrar el objeto en que queremos concentrarnos, estamos realizando una meditación analítica. Cuando encontramos el objeto y lo mantenemos en concentración de manera convergente, estamos realizando una meditación de emplazamiento. Existen innumerables objetos de meditación. Algunos, como la impermanencia o la vacuidad, son objetos que la aprehende mente. Otros, como el amor, la compasión y la renuncia, son actitudes o estados mentales. Primero realizamos una meditación analítica hasta que el objeto en particular que hayamos elegido aparece en nuestra mente o hayamos generado la actitud mental deseada. Este objeto o actitud mental es nuestro objeto de meditación. Véase *Manual de meditación*.

Meditación estabilizada Concentración convergente en un objeto virtuoso, como, por ejemplo, la vacuidad.

Mente Se define como «aquello que es claridad y conoce». La mente es claridad porque carece de forma, y conoce porque posee la capacidad de percibir objetos. Véanse *Comprensión de la mente* y *La luz clara del gozo*.

Mente conceptual Pensamiento que aprehende su objeto por medio de una imagen genérica. Véase *Comprensión de la mente*.

Mente primaria Término sinónimo de *consciencia*. Conocedor que aprehende principalmente la mera entidad de un objeto. Hay seis clases de mentes primarias: visual, auditiva, olfativa, gustativa, corporal y mental. Cada momento de la mente está compuesto por una mente primaria y varios factores mentales. Estos dos forman una misma entidad, pero tienen diferentes funciones. Véase *Comprensión de la mente*.

Méritos Poder meritorio o buena fortuna que se acumula al realizar acciones virtuosas. Es el poder potencial de aumentar nuestras buenas cualidades y de ser felices.

Monte Meru Según la cosmología budista, una montaña sagrada situada en el centro del universo.

Nagaryhuna Gran erudito budista indio y maestro de meditación que renovó las instrucciones mahayanas en el siglo I clarificando las enseñanzas de los *Sutras de la perfección de la sabiduría*. Véase *Océano de néctar*.

Objeto de negación El que es negado de manera explícita por la mente que realiza un fenómeno negativo. En la meditación de la vacuidad o ausencia de existencia inherente se refiere a la existencia inherente. También se conoce como *objeto negado*.

Objeto funcional Fenómeno que puede realizar una función. Los objetos funcionales son producidos y se desintegran en un momento. Es sinónimo de *fenómeno impermanente* y de *producto*.

Obstrucciones a la liberación Obstáculos que impiden el logro de la liberación. Todas las perturbaciones mentales, como la ignorancia, el apego, el odio, y sus semillas, constituyen las obstrucciones a la liberación. También se denominan *obstrucciones de las perturbaciones mentales*.

Obstrucciones a la omnisciencia Las impresiones de las perturbaciones mentales, que impiden el conocimiento simultáneo y directo de todos los fenómenos, por lo que solo los Budas las han eliminado. También se conocen como *obstrucciones al conocimiento*.

Ochos estrofas del adiestramiento de la mente Texto compuesto por el Bodhisatva Langri Tangpa en el siglo XI. En él se revela la esencia del camino mahayana hacia la iluminación. Para un comentario detallado, véase *Ocho pasos hacia la felicidad*.

Ocho grandes hijos Los ocho discípulos mahayanas principales de Buda Shakyamuni: Akashagarbha, Avalokiteshavara, Ksitigarbha, Maitreya, Manyhushri, Samantabhadra, Sarvanivaranaviskambini y Vajrapani. En tiempos de Buda aparecieron bajo el aspecto de Bodhisatvas y mostraron con su ejemplo la manera correcta de practicar el camino mahayana y de ayudar a difundir las enseñanzas de Buda por el beneficio de todos los seres.

Ocho preocupaciones mundanas Alegrarse o entristecerse en exceso cuando experimentamos, respectivamente, felicidad o sufrimiento, riqueza o pobreza, al recibir alabanzas o críticas, o al tener una buena o mala reputación. Se denominan de este modo porque las personas mundanas se esfuerzan en todo momento por disfrutar de circunstancias favorables y evitar las desfavorables. También se conocen como *los ocho dharmas mundanos*. Véase *El camino gozoso de buena fortuna*.

Odio Factor mental perturbador que observa un objeto animado o inanimado, piensa que es desagradable, exagera sus malas características, lo considera indeseable, se opone a él y desea perjudicarlo. Véanse *Comprensión de la mente* y *El camino gozoso de buena fortuna*.

Orgullo Factor mental que siente arrogancia al considerar y exagerar nuestras buenas cualidades o posesiones.

Oyente Una de las dos clases de practicante hinayana. Tanto los Oyentes como los Conquistadores Solitarios son hinayanas, pero se diferencian en su motivación, conducta, méritos y sabiduría. Desde el punto de vista de estas cualidades, los Conquistadores Solitarios son superiores a los Oyentes. Véase *Océano de néctar*.

Paciencia La determinación virtuosa de soportar el daño, el sufrimiento o el Dharma profundo.

Permanencia apacible Concentración dotada de los gozos especiales de las flexibilidades física y mental que se alcanzan después de completar las nueve permanencias mentales. Véanse *El camino gozoso de buena fortuna* y *Tesoro de contemplación*.

Persona El yo designado sobre cualquiera de los cuatro o cinco agregados de un ser. *Persona, ser* y *yo* son sinónimos. Véase *Comprensión de la mente*.

Perturbación mental / Engaño Factor mental que surge de la atención impropia y cuya función es turbar la mente y descontrolarla. Las perturbaciones mentales principales son tres: el apego, el odio y la ignorancia. De estas surgen todos los demás engaños, como los celos, el orgullo y la duda perturbadora. Véase *Comprensión de la mente*.

Postración Muestra física, verbal y mental de respeto. Véase *El voto del Bodhisatva*.

Prácticas del método Caminos espirituales, como el adiestramiento en la renuncia, la compasión y la bodhichita, con los que maduramos nuestra semilla de Buda.

Prasanguika Véase *MADHYAMIKA*.

Pretensión Factor mental perturbador que, motivado por el apego a las riquezas o a la buena reputación, desea pretender que tenemos cualidades que no poseemos.

Proponentes de los objetos funcionales Los vaibhasikas, sautántrikas y chitamatrins. Estos últimos no consideran que «todos» los fenómenos tienen existencia verdadera. Los chitamatrins dividen los fenómenos en tres categorías: fenómenos activados por otros [impermanentes], fenómenos designados [también llamados *imaginarios*] y fenómenos permanentes, y afirman que los fenómenos designados no tienen existencia verdadera, pero los otros sí. Todas las demás escuelas, excepto la madhyamika, afirman que «todos» los fenómenos tienen existencia verdadera, pero los chitamatrins excluyen a los designados. Véase *Océano de néctar*.

Purificación Por lo general, toda práctica que ayude a lograr un cuerpo, una palabra y una mente puros. En particular, las prácticas que sirven para purificar el karma perjudicial por medio de los cuatro poderes oponentes. Véase *El voto del Bodhisatva*.

Recta conducta Factor mental que, a partir del esfuerzo, estima lo que es virtuoso y protege la mente de las perturbaciones mentales y de lo que es perjudicial.

Refugio La verdadera protección del sufrimiento. Para refugiarnos en las Tres Joyas del Buda, el Dharma y la Sangha, debemos tener fe y confiar en ellas para protegernos de nuestros temores y sufrimientos. Véase *El camino gozoso de buena fortuna*.

Reino de la forma Lugar donde habitan los dioses que poseen forma.

Reino de los infiernos El inferior de los tres reinos desafortunados. Véase *El camino gozoso de buena fortuna*.

Reinos inferiores El reino de los infiernos, el de los espíritus ávidos y el de los animales. Véase también *SAMSARA*.

Renuncia Deseo de liberarse del samsara. Véase *El camino gozoso de buena fortuna*.

Retentiva mental / memoria Factor mental cuya función es no olvidar el objeto realizado por la mente primaria. Véase *Comprensión de la mente*.

Rey chakravatin Ser muy afortunado que como resultado de haber acumulado una gran cantidad de méritos, ha renacido como un rey que domina los cuatro continentes o, como mínimo, uno de ellos. En la actualidad, los reyes chakravatines no existen en nuestro mundo ni hay nadie que domine por completo nuestro continente, Yhambudipa. Véase *Mahamudra tántrico*.

Samantabhadra Nombre en sánscrito que significa 'Ser de Suma Bondad'. Gran Bodhisatva conocido por las espléndidas ofrendas que realizaba. Véase *Mahamudra tántrico*.

Samkhya Escuela no budista. Véase *Océano de néctar*.

Samsara Término sánscrito que quiere decir 'existencia cíclica'. Su significado puede comprenderse de dos maneras: como el ciclo ininterrumpido de renacimientos sin control ni elección o como los agregados contaminados del ser que renace en este ciclo. El samsara se caracteriza por el sufrimiento y la insatisfacción. En el samsara hay seis reinos de existencia. En orden ascendente, según el karma que da como resultado el renacer en cada uno de ellos, son: el reino de los seres infernales, el de los espíritus ávidos, el de los animales, el de los humanos, el de los semidioses y el de los dioses. Los tres primeros constituyen los reinos inferiores o renacimientos desafortunados, y los otros tres, los reinos superiores o renacimientos afortunados. Aunque desde el punto de vista del karma que causa estos renacimientos el reino de los dioses es el más elevado en el samsara, se dice que el reino humano es el más afortunado porque proporciona las mejores condiciones para alcanzar la liberación y la iluminación. Véase *El camino gozoso de buena fortuna*.

Sangha Según la tradición del *vinaya*, una comunidad de al menos cuatro monjes o monjas con la ordenación completa. En general, los practicantes que han recibido una ordenación monástica o los seglares que han recibido los votos del Bodhisatva o los tántricos.

Satisfacción Sentirnos satisfechos con nuestras circunstancias externas e internas motivados por una intención virtuosa.

Seis perfecciones Las de la generosidad, la disciplina moral, la paciencia, el esfuerzo, la estabilización mental y la sabiduría. Se llaman *perfecciones* porque se realizan con la motivación perfecta de la bodhichita.

Seis poderes Los cinco poderes sensoriales y el poder mental. Un poder sensorial es un poder de energía interno localizado en el centro de un órgano sensorial cuya función es generar una percepción sensorial de manera directa. Hay cinco clases de poderes sensoriales, uno para cada clase de percepción sensorial. Un poder mental es la mentalidad que principalmente funciona de manera directa para producir el aspecto particular de una percepción mental. Véase *Comprensión de la mente*.

Semidiós Ser del reino de los semidioses, el segundo reino más elevado de los seis del samsara. Los semidioses son similares a los dioses, pero sus cuerpos, posesiones y entorno son inferiores. Véase *El camino gozoso de buena fortuna*.

Sensación Factor mental cuya función es experimentar objetos agradables, desagradables o neutros. Véase *Comprensión de la mente*.

Sentido del honor Factor mental cuya función es impedir que cometamos acciones indebidas por razones que atañen a uno mismo. Véase *Comprensión de la mente*.

Señor de la Muerte Aunque el mara de la muerte sin control no es un ser sintiente, se suele personificar como el Señor de la Muerte o Yama en sánscrito. El Señor de la Muerte aparece en el diagrama de la rueda de la vida agarrando la rueda entres sus garras y dientes. Véase *El camino gozoso de buena fortuna*.

Ser sintiente Ser cuya mente está contaminada por las perturbaciones mentales o sus impresiones, es decir, que no ha alcanzado la Budeidad.

Sugata Término sánscrito que significa 'Ser que ha Pasado al Estado de Gozo'. Es un epíteto de Buda.

Sukhavati Término sánscrito que significa 'Tierra Gozosa'. Tierra pura de Buda Amitabha.

Sutras de la perfección de la sabiduría Sutras que Buda enseñó durante el segundo giro de la rueda del Dharma en los que se revela su visión acerca de la naturaleza última de todos los fenómenos –la vacuidad de existencia inherente–. Véase *Corazón de la sabiduría*.

Tathagata Palabra sánscrita que significa 'Ser que ha Pasado al Más Allá'. Es un epíteto de Buda.

Tiempo sin principio Según la visión budista del mundo, la mente no tiene principio y, por lo tanto, todos los seres sintientes han renacido innumerables veces.

Tierra pura Reino puro donde no existe la verdad del sufrimiento. Existen numerosas tierras puras. Por ejemplo, Tushita es la tierra pura de Buda Maitreya, Sukhavati, la de Buda Amitabha, y la Tierra de las Dakinis o *Keajra* en sánscrito, la de Buda Heruka y Buda Vajrayoguini. Véanse *Gema del corazón*, *Guía del Paraíso de las Dakinis* y *Una vida llena de significado, una muerte gozosa*.

Tradición kadampa Tradición pura de budismo fundada por Atisha. Antes de la aparición de Yhe Tsongkhapa se la conocía como *antigua tradición kadampa*, y después, como *nueva tradición kadampa*. Véanse también BUDISMO KADAMPA y KADAMPA.

Tres adiestramientos superiores El adiestramiento en la disciplina moral, la concentración y la sabiduría motivado por la renuncia o la bodhichita.

Tres Joyas Los tres objetos de refugio último: la Joya del Buda, la Joya del Dharma y la Joya de la Sangha. Se denominan *Joyas* porque son difíciles de encontrar y tienen un gran valor. Buda nos enseña el camino, Dharma es el refugio en sí, es decir, la práctica espiritual que nos protege del sufrimiento, y la Sangha, los amigos virtuosos que nos ayudan en el sendero hacia la iluminación. Véase *El camino gozoso de buena fortuna*.

Tres mundos En el presente libro, *mundo* significa 'reino'. Por lo tanto, los tres mundos son los tres reinos del samsara: el del deseo, el de la forma y el inmaterial. El reino del deseo es el entorno de los seres de los infiernos, los espíritus ávidos, los animales, los seres humanos, los semidioses y los dioses que disfrutan de los cinco objetos de deseo. El reino de la forma es el entorno de los dioses que poseen forma, y el inmaterial, el de los que no la poseen.

Vaibhashika La inferior de las dos escuelas de filosofía hinayana. Esta escuela no acepta los autoconocedor y afirma que los objetos externos son verdaderamente existentes. Véase *Océano de néctar*.

Vajrapani Personificación del poder de todos los Budas. Aparece con un aspecto colérico para mostrar su capacidad de eliminar los obstáculos externos, internos y secretos. En tiempos de Buda Shakyamuni se manifestó bajo el aspecto de uno de sus discípulos Bodhisatvas.

Verdad convencional Todos los fenómenos excepto la vacuidad. Las verdades convencionales son ciertas para los seres ordinarios, pero en realidad son falsas. Véanse *Corazón de la sabiduría*, *Tesoro de contemplación* y *Océano de néctar*.

Visión superior Sabiduría especial que percibe su objeto con claridad y es mantenida por la permanencia apacible y la flexibilidad especial inducida por la investigación. Véanse *El camino gozoso de buena fortuna* y *Tesoro de contemplación*.

Votos Promesas de abstenerse de cometer determinadas acciones perjudiciales. Hay tres clases de votos: los del *pratimoksha* o de liberación individual, los del Bodhisatva y los tántricos. Véanse *Caminos y planos tántricos* y *El voto del Bodhisatva*.

Yhe Tsongkhapa [1357-1419] Emanación de Manyhushri, el Buda de la Sabiduría. Tal y como fue predicho por Buda Shakyamuni, se manifestó como un monje en el Tíbet en el siglo XIV, donde mostró cómo practicar correctamente el Dharma en tiempos de degeneración, gracias a lo cual la doctrina budista recuperó su pureza. Posteriormente su tradición se conoció como la tradición *ganden* o *guelug*. Véase *Gema del corazón*.

Yogui o yoguini Palabra sánscrita que se utiliza, por lo general, para referirse a aquel que ha alcanzado la unión de la permanencia apacible y la visión superior.

Lecturas recomendadas

Gueshe Kelsang Gyatso es un gran maestro de meditación e ilustre erudito de la tradición de budismo mahayana fundada por Yhe Tsongkhapa. Desde que llegó al Occidente en 1977, Gueshe Kelsang ha trabajado de manera infatigable para establecer el Budadharma por todo el mundo. Durante este tiempo ha impartido extensas enseñanzas sobre las principales escrituras mahayanas. Estas enseñanzas se han publicado en inglés y traducido a numerosas lenguas y constituyen una exposición completa de las prácticas esenciales del sutra y el tantra del budismo mahayana. Es el fundador de numerosos centros de budismo en varios países del mundo.

Gueshe Kelsang unifica con destreza excepcional la antigua sabiduría de la doctrina budista, tal y como se practicó es su tierra natal, el Tíbet, con los intereses y las preocupaciones del mundo occidental, donde vive desde 1977.

Títulos disponibles

Caminos y planos tántricos Cómo entrar en el camino vajrayana, recorrerlo y perfeccionarlo.

Compasión universal Prácticas budistas para cultivar el amor y la compasión. Instrucciones prácticas para cultivar las actitudes altruistas que constituyen una fuente inagotable de verdadera felicidad.

Comprensión de la mente Naturaleza y funciones de la mente. Exposición clara sobre la naturaleza y las funciones de la mente. En la obra se combina una profunda exploración filosófica con su aplicación psicológica.

Corazón de la sabiduría Las enseñanzas esenciales de Buda acerca de la sabiduría. Comentario de uno de los Sutras más conocidos de Buda, el *Sutra del corazón*, que presenta una lúcida explicación de lo que es la vacuidad, la naturaleza última de la realidad, según la filosofía budista.

El camino gozoso de buena fortuna El sendero budista hacia la iluminación.

Esencia del Vajrayana Comentario a la práctica del tantra del yoga supremo del mandala corporal de Heruka.

Gema del corazón Prácticas esenciales del budismo kadampa. La manera correcta de confiar en el Guía Espiritual –la raíz del camino– y el modo de ampararnos en la protección de Buda.

Guía del Paraíso de las Dakinis La práctica del tantra del yoga supremo de Vajrayoguini. El primer comentario completo editado en lengua occidental de la profunda práctica tántrica de Vajrayoguini, el Buda femenino de la sabiduría.

Introducción al budismo Una presentación del modo de vida budista. Presentación de conceptos básicos del budismo, como la meditación, el karma y la reencarnación, y su relevancia en la sociedad contemporánea.

Nuevo manual de meditación El arte de la meditación y el método para aplicarla en la vida diaria. Esta pequeña obra explica paso a paso y con claridad el arte de la meditación y el método para aplicarlo en la vida diaria.

Ocho pasos hacia la felicidad El modo budista de amar. Comentario al texto *Adiestramiento de la mente en ocho estrofas*, de Gueshe Langri Tangpa, que revela profundos y prácticos métodos para descubrir la fuente de la felicidad en nuestro interior.

Tesoro de contemplación El modo de vida del Bodhisatva. Aclamada obra en la que se muestra cómo llevar un modo de vida noble y compasivo, y que revela las prácticas que conducen a la iluminación completa.

Transforma tu vida Un viaje gozoso. Consejos prácticos para transformar nuestra mente y nuestra vida, desarrollar por completo el potencial humano y encontrar paz y felicidad duraderas.

En proceso de traducción

Cómo solucionar nuestros problemas humanos Las cuatro nobles verdades.

El voto del Bodhisatva Guía práctica para ayudar a los demás. Una clara introducción a la esencia del budismo mahayana –el compromiso de alcanzar la iluminación para poder beneficiar a todos los seres–.

La luz clara del gozo Manual de meditación tántrica. Extraordinaria exposición de las prácticas más avanzadas del budismo tántrico.

Mahamudra tántrico La práctica de confiar en el Guía Espiritual. Profundos consejos acerca de la práctica de confiar en el Guía Espiritual y la manera de avanzar por los senderos del sutra y del tantra.

Océano de néctar La verdadera naturaleza de todos los fenómenos. Obra de gran calibre en la que se combina una profunda investigación acerca de la realidad última junto con consejos útiles sobre cómo integrar el budismo en la vida diaria. Constituye uno de los textos más importantes dentro del budismo mahayana.

Una vida llena de significado, una muerte gozosa
La profunda práctica de la transferencia de conciencia. Profunda práctica para transferir la consciencia a una tierra pura durante el proceso de la muerte.

CATÁLOGO DE SADHANAS

Gueshe Kelsang ha supervisado personalmente la traducción de una colección esencial de *sadhanas* [oraciones y prácticas].

1. *Asamblea de buena fortuna* Práctica del *tsog* del mandala corporal de Heruka.
2. *Ceremonia del refugio mahayana* y *Ceremonia del voto del Bodhisatva* Ceremonias rituales para acumular méritos para el beneficio de todos los seres.
3. *Cientos de Deidades de la Tierra Gozosa* El yoga del Guru Yhe Tsongkhapa.
4. *Confesión del Bodhisatva* Práctica de purificación del *Sutra mahayana de los tres cúmulos superiores*.
5. *El camino hacia la tierra pura* Sadhana para el adiestramiento en la transferencia de la conciencia.
6. *El camino rápido al gran gozo* Sadhana para realizar la autogeneración como Vajrayoguini.
7. *El melodioso tambor que vence en todas las direcciones* El ritual extenso de cumplimiento y renovación de nuestro compromiso con el Protector del Dharma, el gran rey Doryhe Shugden, junto con Mahakala, Kalarupa, Kalindevi y otros Protectores del Dharma.
8. *El modo de vida kadampa* Prácticas esenciales de la tradición kadampa: *Consejos de corazón de Atisha* y *Los tres aspectos principales del camino* de Yhe Tsongkhapa.
9. *El yoga de Buda Amitayus* Método especial para lograr longevidad e incrementar méritos y sabiduría.

10. *Esencia de buena fortuna* Oraciones de las seis prácticas preparatorias para la meditación de las etapas del camino hacia la iluminación.

11. *Esencia del vajrayana* Sadhana del mandala corporal de Heruka según el sistema del Mahasidha Ghantapa.

12. *Esencia del vajrayana concisa* Sadhana concisa de la autogeneración del mandala corporal de Heruka.

13. *Gema del corazón* Yoga del Guru Yhe Tsongkhapa en combinación con la sadhana abreviada del Protector Doryhe Shugden.

14. *Gota de esencia de néctar* Ritual especial de ayuno y práctica de purificación con Buda Avalokiteshvara de once rostros.

15. *Joya preliminar para el retiro del mandala corporal de Heruka*

16. *La fiesta del gran gozo* Sadhana para realizar la autoiniciación de Vajrayoguini.

17. *La gema que colma todos los deseos* Práctica del yoga del Guru Yhe Tsongkhapa en combinación con la sadhana del Protector Doryhe Shugden.

18. *La gran liberación de la Madre* Prácticas preliminares para la meditación del Mahamudra en combinación con la práctica de Vajrayoguini.

19. *La gran liberación del Padre* Prácticas preliminares para la meditación del Mahamudra en combinación con la práctica de Heruka.

20. *La Gran Madre de la Compasión* Sadhana de Arya Tara.

21. *La Gran Madre de la Sabiduría* Método para eliminar obstáculos e interferencias con la recitación del Sutra de la esencia de la Sabiduría.

22. *La joya preliminar* Preliminares concisas para el retiro de Vajrayoguini.

23. *Liberación del dolor* Alabanzas y súplicas a las veintiuna Taras.

24. *Meditación y recitación del Vajrasatva Solitario* Práctica de purificación.

25. *Ofrenda al Guía Espiritual* Una práctica del tantra del yoga supremo en combinación con el yoga del Guru Yhe Tsongkhapa.
26. *Oraciones para la larga vida del venerable Gueshe Kelsang Gyatso Rimpoché*
27. *Oraciones para meditar* Preparación especial para la meditación.
28. *Práctica concisa de Buda Amitayus*
29. *Preliminares para el retiro de Vajrayoguini*
30. *Rey del Dharma* Método para realizar la autogeneración como Yhe Tsongkhapa.
31. *Sadhana de Avalokiteshvara* Oraciones y súplicas al Buda de la compasión.
32. *Sadhana de Samayavajra*
33. *Sadhana del Guru de la Medicina* Oraciones a la asamblea de los siete Budas de la medicina.
34. *Sadhana de la ofrenda de fuego de Vajradaka* Práctica para purificar las faltas e impurezas
35. *Sadhana de la ofrenda de fuego de Vajrayoguini*
36. *Sadhana de la ofrenda de fuego del mandala corporal de Heruka*
37. *Tesoro de sabiduría* Sadhana del venerable Manyhushri
38. *Una vida pura* Práctica para recibir y mantener los ocho preceptos mahayanas.
39. *Unión de No Más Aprendizaje* Sadhana de la autoiniciación del mandala corporal de Heruka.
40. *Yoga de la Dakini* Seis sesiones del yoga del Guru Vajrayoguini.
41. *Yoga del Héroe vajra* Práctica esencial concisa de la autogeneración del mandala corporal de Heruka y el yoga conciso de las seis sesiones.

*Los libros y sadhanas de Gueshe Kelsang Gyatso
pueden adquirirse por medio de:*

Editorial Tharpa
C/ Molinero nº10, bajo
11150 Vejer de la Frontera, Cádiz
España
Tel.: 95 6451528
E-mail: annatkins@terra.es
Web: http://www.tharpa-es.com

Tharpa Publications
47 Sweeney Road
P.O. Box 430
Glen Spey
NY 12737
USA
Tel.: 845-856-5102 or
888-741-3471 [toll free]
Fax: 845-856-2110
Email: sales@tharpa-us.com
Web: http://www.tharpa.com/spbooks.htm

Programas de estudio de budismo kadampa

El budismo *kadampa* es una escuela de budismo *mahayana* fundada por el gran maestro indio Atisha [982-1054]. Sus seguidores se conocen con el nombre de *budistas kadampas*. *Ka* significa 'palabra' y se refiere a las enseñanzas de Buda, y *dam*, a las instrucciones especiales del Lamrim, las etapas del camino hacia la iluminación, que Atisha enseñó. Los budistas kadampas integran su conocimiento de todas las enseñanzas de Buda en su práctica del Lamrim, y esta en su vida diaria, y de este modo las utilizan para transformar sus actividades en el camino hacia la iluminación. Los maestros kadampas eran famosos por ser grandes eruditos y practicantes espirituales puros y sinceros.

El linaje de estas enseñanzas, tanto la transmisión de sus escrituras como sus bendiciones, fue transmitido de maestro a discípulo, difundiéndose por gran parte del continente asiático, y en las últimas décadas por diversos países del mundo occidental. Las enseñanzas de Buda reciben el nombre de *Dharma*, y se dice que son como una rueda que gira y se traslada de un lugar a otro según las condiciones e inclinaciones kármicas de sus habitantes. La presentación externa del budismo sigue adaptándose a las diversas culturas y sociedades, pero su verdadera esencia permanece intacta y se transmite a través de un linaje ininterrumpido de practicantes realizados.

El budismo kadampa fue introducido en Occidente por el

venerable Gueshe Kelsang Gyatso en 1977. Desde entonces, este maestro budista ha trabajado sin descanso para difundir este precioso Dharma por todo el mundo, ha impartido enseñanzas, escrito profundos libros y comentarios y fundado la Nueva Tradición Kadampa [NKT], que ya cuenta con más de setecientos centros de budismo en diversos países. En cada centro se ofrecen programas de estudio sobre psicología y filosofía budista, instrucciones para la meditación y retiros para practicantes de todos los niveles. En ellos se enseña principalmente cómo integrar las enseñanzas de Buda en la vida diaria y de esta manera resolver nuestros problemas, aprender a ser felices y ayudar a que todos los seres disfruten de paz y felicidad.

El budismo kadampa de la NTK es una tradición budista independiente que no está vinculada a ninguna organización social o partido político. Es una asociación de centros y practicantes budistas que se inspiran en el ejemplo de los maestros kadampas de antaño y en sus enseñanzas, tal y como las presenta el venerable Gueshe Kelsang Gyatso Rimpoché.

Hay tres razones por las que debemos estudiar y practicar las enseñanzas de Buda: para adquirir sabiduría, para cultivar un buen corazón y para mantener paz mental. Si no nos esforzamos por adquirir sabiduría, no conoceremos la verdad última, la verdadera naturaleza de la realidad. Aunque deseamos ser felices, ofuscados por la ignorancia cometemos todo tipo de acciones perjudiciales que constituyen la causa principal de nuestro sufrimiento. Si no tenemos un buen corazón, nuestra motivación egoísta destruirá nuestras buenas relaciones y la armonía con los demás. No encontraremos paz interior ni verdadera felicidad. Sin paz interior, la paz externa es imposible. Sin paz mental no podremos felices aunque estemos rodeados de las mejores condiciones externas. En cambio, cuando disfrutamos de paz mental, somos felices aunque las circunstancias que nos rodeen sean adversas. Por lo tanto, es evidente que debemos cultivar estas cualidades para ser felices.

Gueshe Kelsang Gyatso, o *Gueshe-la*, como lo llaman afectuosamente sus estudiantes, ha diseñado tres programas espirituales especiales para el estudio estructurado y la práctica del budismo kadampa adaptados a la sociedad actual: el Programa General [PG], el Programa Fundamental de Budismo [PF] y el Programa de Adiestramiento de Maestros Budistas [PAMB].

PROGRAMA GENERAL

El **Programa General** ofrece una introducción básica a la visión, meditación y acción budistas y es ideal para principiantes. Incluye también enseñanzas y prácticas avanzadas, tanto de sutra como de tantra.

PROGRAMA FUNDAMENTAL DE BUDISMO

El **Programa Fundamental de Budismo** va dirigido a aquellos que prefieren profundizar en su adiestramiento espiritual y consiste en el estudio de los cinco textos siguientes:

1. *El camino gozoso de buena fortuna*, comentario al conocido texto de Lamrim *Etapas del camino hacia la iluminación*, de Atisha.
2. *Compasión universal*, comentario al *Adiestramiento en siete puntos*, del Bodhisatva Chekaua.
3. *Corazón de la sabiduría*, comentario al *Sutra del corazón*.
4. *Tesoro de contemplación*, comentario a la *Guía de las obras del Bodhisatva*, del venerable Shantideva.
5. *Comprensión de la mente*, exposición clara sobre la naturaleza y las funciones de la mente según los textos de los eruditos budistas Dharmakirti y Dignaga.

El estudio de estas obras nos aporta numerosos beneficios, que resumimos a continuación:

1) *El camino gozoso de buena fortuna* Nos enseña a poner en práctica todas las enseñanzas de Buda, tanto de sutra como de tantra. Si lo estudiamos y practicamos, progresaremos con facilidad y completaremos las etapas del camino hacia la felicidad suprema de la iluminación. Desde un punto de vista práctico, puede decirse que el Lamrim constituye el tronco principal de las enseñanzas de Buda, mientras que sus otras instrucciones son como las ramas.

2) *Compasión universal* Esta obra nos enseña a integrar las enseñanzas de Buda en nuestra vida y a resolver con facilidad nuestros problemas diarios.

3) *Corazón de la sabiduría* Nos muestra cómo alcanzar la realización de la naturaleza última de la realidad, con la que podemos eliminar la mente ignorante de aferramiento propio, la raíz de todo nuestro sufrimiento.

4) *Tesoro de contemplación* Con esta preciosa obra aprendemos a transformar nuestras actividades diarias en el camino y modo de vida del Bodhisatva, llenando nuestra vida de significado.

5) *Comprensión de la mente* En este texto se expone la relación entre nuestra mente y los objetos externos. Si comprendemos que los objetos dependen de la mente subjetiva, podemos cambiar la manera en que los percibimos transformando nuestra mente. Poco a poco adquiriremos la habilidad de controlar nuestra mente y podremos resolver todos nuestros problemas.

PROGRAMA DE ADIESTRAMIENTO DE MAESTROS BUDISTAS

El **Programa de Adiestramiento de Maestros Budistas** atiende a las necesidades de los que desean convertirse en instructores de Dharma. En este programa se estudian doce textos de sutra y de tantra, incluidos los cinco mencionados, y además los participantes deben mantener determinadas pautas de comportamiento y modo de vida, y completar varios retiros de meditación.

Todos los centros de budismo kadampa están abiertos al público. Cada año celebramos festivales en los Estados Unidos y en Europa, incluidos dos en Inglaterra, a los que acuden personas de todo el mundo para recibir enseñanzas e iniciaciones y disfrutar de vacaciones espirituales. Puede visitarnos cuando lo desee.

Si desea más información, puede dirigirse a:

EN ESPAÑA:

Barcelona: Centro Budista Mahakaruna
C/ Girona 85, 2°,
08009 Barcelona
Tel.: 93-4876917
E-mail: info@meditarabcn.org
http://www.meditarabcn.org

Castellón: Centro Budista Naropa
C/ Alcanar, 5 altillo
12004 Castellón
Tel.: 96-4227969
E-mail: ximobuil@correo.cop.es
Página web: http://www.naropa.org

Madrid: Centro Budista Vajrayana
Avenida Europa 15, bloque 2, 1ºD
Madrid 28224 [Pozuelo de Alarcón]
Tel: 91-351 19 89
E-mail: vajramad@teleline.es
Página web: http://www.vajrayanamadrid.com

Menorca: Instituto Dharma
Apartado 57,
07760 Ciutadella de Menorca
Menorca
Tel.: 971-480078
E-mail: dharma@menorca.infotelecom.es

Sevilla: Centro Budista Mahamudra
C/ Doña María Coronel 32, 3ºD
41003 Sevilla
Tel.: 95-4564266
Fax: 95-4213643
E-mail: mahamudra@arrakis.es

Tenerife: Centro Budista Aryadeva
Avd. Calvo Sotelo, 20 1° izd.
38205 La Laguna, Tenerife.
Tel.: 922-630795

EN MÉXICO:

Ciudad de México: Centro Budista Dharmachakra
Ernestina Arraizar n°17
Colonia del Valle, México D.F., CP 03100
Tel.: [01-55] 5687-6101,
Fax: [01-55] 5687-6131
E-mail: info@kadampa.org.mx
Página web: http://www.kadampa.org.mx

EN EL REINO UNIDO:

Oficina de la NTK en el Reino Unido
Conishead Priory
Ulverston, Cumbria LA12 9QQ, Inglaterra
Tel./Fax: 44 + [0] 1229 588333
E-mail: kadampa@dircon.co.uk
Página web: http://www.kadampa.org

EN LOS ESTADOS UNIDOS:

Oficina de la NTK en los Estados Unidos
Kadampa Meditation Center
47 Sweeney Road
P.O. Box 447
Glen Spey, NY 12737
USA
Tel.: 845-856-9000
Fax: 845-856-2110
Email: kadampacenter@aol.com
Página web: http://www.kadampacenter.org

Índice analítico

La letra g indica que el término aparece en el glosario

C

E

elementos 32, 189

emplazamiento cercano de
retentiva
sobre el cuerpo 178-181
sobre las sensaciones
181-184
sobre la mente 184-185

enemigo 75, 79, 88, 89, 123,
143
de la estimación propia
144
de las perturbaciones
mentales 44-48, 114
del odio 74
del orgullo 113
el cuerpo 144
impermanencia del 25
objeto de paciencia 91-93
vencer al 53

enfermedad 24, 41, 55, 76, 77,
144, 198

enseñanzas (véase Dharma)
de Buda ix, 69, 150, 170,
241-242
solicitar 30

envejecimiento 200

esfuerzo 43, 55, 101-117, 155
definición 101

espíritu ávido 40, 144, 206, g

estado natural del nirvana
185, 186

estimación propia x, 80, 138, g
abandonar la 150-155
desventajas de la 142, 150,
153

estimar a los demás (véanse
igualarse uno mismo con
los demás; cambiarse uno
mismo por los demás) ix,
65, 95, 142-143, 144-147

estupa 18, 85, g

etapas del camino (véase
Lamrim)

existencia
falsa 140, 160, 175, 194
inherente 160, g

existencia verdadera 194
aferramiento a la (véase
aferramiento verdadero)
167, 198

extremos del apego y el
miedo 172, g

F

factor mental g

fama 90-91

familiaridad 75-76, 141, 143

fe 6, 42, 56, 61, 65, 94, 108, g
resultados de la 12, 169

felicidad 145, 198, 242
causas de la 65, 75, 109, 145,
190
de los demás 47, 65, 87, 138,
145, 147
desear la 54, 138, 139, 153,
197
gracias al Dharma 104, 114
impermanente 83
ofrecer la 151

fenómeno
negativo no afirmante 159, g

J

joya que colma todos los
deseos 63, g

K

kadampa ix, g
Kapila 193
karma 81, 85, 109, 162,
176-177, 190, g
Karnapa, habitantes de 75
Kashyapa 170
Ksitigarbha (véase ocho
grandes hijos) 23

L

Lamrim 241, g
Langri Tangpa, bodhisatva ix,
g
liberación (véase nirvana) 40,
91, 122, 159, 169, g
personal 141, 169
linaje de Buda 33

M

madhyamika 160, 194, g
madre 10, 20, 96, 109, 144, 194
de Buda 206
seres sintientes 31
mago 166-167, 195
mahayana 169, 170, 199, g
Sutras 69, 170
Maitreya (véase ocho grandes
hijos) 8, g

mala conducta g
maldad (véase acciones
perjudiciales) 19, 42, 43,
52, 83
abandonar la 6, 8, 26
malos sentimientos 89
mantra 54, 143, 162, 210, g
Manyhushri (véase ocho
grandes hijos) 17, 18, 23,
206, 212, 213, g
matar 53, 144
una ilusión 162
materialistas
refutación de los 176
Mayadevi 206
meditación g
estabilizada g
mendigo 92
mente (véase consciencia)
131, g
analítica 186
como una ilusión 163
con existencia verdadera
164, 184
conceptual 168, 186, g
dominar la 53
errónea 159, 185
naturaleza de la 163-167
no es el yo 177
omnisciente 40
origen de todo 52-53
primaria g
vigilar la 51-70
méritos 9, 16, 22, 69, 109, 168,
g
acumulación de 10, 11, 101,
107, 168, 200, g